자애와 연민에 관한 티베트 스승의 가르침

지금 이 순간
자비롭게 살아가기

일러두기

모든 주는 옮긴이 주입니다.

자애와 연민에 관한 티베트 스승의 가르침

지금 이 순간
자비롭게 살아가기

choosing compassion - how to be of benefit in a world that needs our love

아남 툽텐 지음 · 임희근 옮김

"나는 당신입니다."

담앤북스

우리 중엔 삶의 외적 측면, 즉 몇 가지만 말해 보자면 정치, 뉴스, 일, 인간관계, 재정 상태 같은 것에 발목 잡혀 좌절하는 버릇이 단단히 들어 있는 사람이 많습니다. 그래서 의미도 기쁨도 없는 삶을 살면서 한 방 맞았다는 느낌이 들 수 있습니다. 뿐만 아니라, 이런 일로 현실을 더욱 좁게 보게 되고 그 결과 고통받습니다. 외적인 가치에만 집중하고 마음이라는 내적 세계는 무시합니다. 그러므로 정신적인 가르침도 종종, 쉬면서 내면에 관심을 기울여 지혜, 자애, 연민이라는 부를 개발하라고 말하는 겁니다. 바라건대 이 책이 독자 누구에게나 바로 이런 일을 했으면 합니다.

책도 사람처럼 삶과 사명이 있습니다. 책은 저자가 한 번도 가

보지 못한 곳에 가고, 만나 보지 못한 사람들에게 가닿으며, 바라건대 독자들에게 그들이 찾고 있는 영감을 주기도 합니다. 이 책은 내 첫 책이 아닙니다. 세계 곳곳을 돌며 강연을 하고 다니다 보면 가끔 못 보던 얼굴이 빽빽이 표시를 한 내 책을 들고 나타나서 도움이 되었다고 말하는 일도 생깁니다. 내가 쓴 책이 모르는 누군가에게 도움이 되었다는 것을 알면, 이에 고무되어 앞으로 더 잘 가르치고 더 책을 많이 써야지 하는 생각을 하게 됩니다. 내가 쓴 책들이 세상 많은 사람들과 나 사이에 놀라운 가교가 되어 주기도 하는 겁니다. 내 책이 도움이 됐다는 독자들이 있는 한, 계속 책을 쓰는 것이 가치 있는 일처럼 느껴집니다. 우리는 개개인으로서 우리가 속한 문화와 함께 끊임없이 변합니다. 문제와 해법에 대한 새로운 생각과 신선한 언어는 아주 많이 필요합니다.

모든 면에서 급속한 변화가 이뤄지고 있어, 우리는 인류 역사상 매우 흥미로운 시점에 살고 있습니다. 예전에는 말이 되었던 체계들이 이제 와르르 무너지고 있습니다. 생태적 위기의 타격이 매년 더 심해지면서, 매우 불확실한 앞날이 걱정됩니다. 그렇지만 피난처로 삼을 수 있는 성소聖所는 딱 한 군데 있습니다. 바깥 세상에 있는 것이 아닙니다. 마음의 자애와 지혜 속에서 그 성소를 찾을 수 있습니다. 이처럼 개인적으로 또 집단적으로 주어지는 도전에 덧붙여, 아니 도전 때문에, 지금이 우리가 내적으로 성장할 수 있는 시점이 될 수도 있습니다. 금생에서 겪는 체험들에는 금방 눈에 띄든 아니든 간에 보통 긍정적인 면이 있습니다.

《지금 이 순간 자비롭게 살아가기》라는 이 책의 바탕이 된 것은 캘리포니아 주의 오래된 역사적인 구역 포인트리치먼드, 해지는 풍경이 놀랍고 유명한 골든게이트브리지(금문교)가 멀리 내려다보이면 누구나 마음이 기쁨으로 취하게 되는 이곳에서 우리 법회가 열렸을 때 내가 한 법문들입니다. 거의 격주로 사람들이 여기 와서 공동체를 이루어 같이 명상을 한 뒤 내가 법문을 합니다. 청중 대부분은 이미 갖가지 지혜 전통에서 탄탄한 기초를 닦은 사람들입니다. 여러 가지 의미에서 이 책은 내가 쓴 책만이 아닙니다. 이 모든 놀라운 사람들의 것이기도 합니다. 그들이 내게 법문을 할 마음을 불러일으켰기에 이 책이 나오게 된 것입니다.

이 기회를 빌려 이 책이 나오기까지 힘을 합쳐 준 모든 분께 감사드립니다. 법문을 녹음하고 글로 풀어 쓰고 편집하고… 이런저런 많은 일을 한 여러 분의 노력이 있었습니다. 특히 책이 나올 때까지, 옆에 있는 사람들에게까지 번져 가는 열의와 예리한 편집을 통해 끊임없는 도움을 준 샤론 로에게 감사드립니다.

1

자애의
고리

살아 있는 모든 존재들이 고통과
고통의 원인에서 벗어나기를.

매일 수행할 때 가슴 가득 자애와 연민을 불러들이
는 것이 중요합니다. 그러지 않으면 수행은 불완전한 것이 됩니
다. 가슴을 여는 데 도움을 주기 위해 지어낸 멋진 말이 있습니다.

　모든 존재들이 고통과 고통의 원인에서 벗어나기를.

　티베트 사람들은 이 말을 수백 년간 염송해 왔습니다. 이 말을

가사로 삼아 곡을 붙여 국제적인 공식 노래로 만들 수도 있겠지만 아직 그렇게까지는 하지 못했습니다. 이 훌륭한 메시지가 담긴 노래를 만들 준비가 되기까지는, 세상에 통일성과 상호 이해가 좀 더 필요합니다. 이 기도를 외면서 우리는 세상사람 모두를 상상하고 자애와 연민으로 그들을 마음속에 품을 수 있습니다. 우선 가족과 친구들을 그려 볼 수 있고, 그다음엔 관계가 쉽지 않은 사람들을 생각할 수 있습니다. 마지막으로 거대한 가족으로서 인류 전체를 그려 볼 수 있습니다. 모든 존재가 고통에서 벗어났으면 하는 이 깊은 바람[願]을 느끼다 보면, 우리 가슴을 꽉 막고 있는 방어 기제를 녹여 내기란 꽤나 쉬운 일입니다.

에고에는 겹겹의 방어 기제가 있습니다. 두려움, 화, 미움, 과도한 자기애 같은 것들입니다. 하지만 이 세상에 고통이 밀물처럼 밀려드는 것이 느껴지기 시작하면 우리는 고통도 알아채기 시작합니다. 고통이란 불교 전통에서 가장 중요한 주제 중 하나이며, 때로는 아주 인기 없는 주제이기도 합니다. 세상에는 고통이 하고 많건만, 고통이란 소리조차 아예 듣기 싫어하는 사람들도 많습니다. 가슴이 열려 있지 않으면 남의 고통을 느끼지 못합니다. 우리 자신의 마음을 고통으로부터 보호하는 인성의 몇몇 측면이 있기에 남들의 고통을 못 느끼는 겁니다. 때로는 남들의 고통의 원인과 이유를 찾아내 합리화하기도 합니다. 심지어 고통받는 사람들을 비난할 수도 있습니다. 우리 나름의 방어 기제가 있어 남들의 고통을 느끼지 못하며, 세상 어디에나 고통이 존재한다 해도, 자신에게 아무 문제없는 한 그 고통이 우리의 일상과는 무관한 일이 되어 버립니다. 남들과 자신의 고통 알아차리기를 차단하기 위해 워낙 많은 전략을 쓰기 때문에, 우리는 마음에 무슨 일이 일어나는지 느끼지 못할 수도 있습니다. 지금 우리 사회에는 이런 형태의 알아차리지 못함이 팽배합니다. 많은 정신적 지도자들이 이렇게 알아차리지 못한 상태에서 깨어나 남들에게 자애심을 느낄 뿐 아니라 친절과 관용과 희생을 통해 그것을 실천하라고 호소해 왔습니다. 토머스 머튼은 우리가 우리 자신만을 위해서가 아니라 남들을 위해서 살아야 한다는 말로써 수많은 지도자들의 메시지를 멋지게 요약한 셈입니다. 이 메시지를 구현하는 사람들이 세상에는 많습니다. 그들 중 많은 사람이 성인이나 영웅으로 인정받지 못했습니다. 그들은 드러나지 않은 주인공들입니다. 많은 보통 사람들이 일상생활에서 미덕을 보여 주고 있는데 우리는 특별한 사람들만 골라 그들을 자애와 이타주의의 아이콘으로 만들었다는 사실은 아이러니입니다. 하지만 어쩌면 우리가 이런 아이콘을 만들어 내야만 대중에게 이런 미덕을 실천하도록 독려할 수 있는지도 모릅니다.

지금 이 순간 자비롭게 살아가기

한 번은 디즈니 만화영화 〈월—E〉[1]를 보았는데 그 영화는 우리가 자신의 고통과 남들의 고통에 무감각하다는 주제를 보여 주는 것이었습니다. 영화 속에서 지구는 완전히 파괴되었습니다. 저마다 목숨을 구하려고 커다란 우주선에 올라탑니다. 우주선에 타면 일할 필요가 없습니다. 사람들이 하루 24시간 하는 일은 의자에 가만히 앉아 쉬는 겁니다. 먹고 마시고 싶은 건 뭐든지 주문할 수 있고, 주문하는 즉시 모든 게 튀어나옵니다. 버튼 하나를 누르면 코카콜라가 바로 앞에 즉시 나타납니다. 다른 버튼을 누르면 감자튀김이 나옵니다. 사람들은 하루종일 스포츠와 갖가지 오락 프로를 보며 꼼짝도 안 합니다. 그저 의자에 앉아서 먹고 마시고 웃기만 합니다. 종종 사람들은 배우자와 자녀들이나 식구들과 나란히 앉아 있습니다. 가끔씩은 서로의 몸이 닿지만 그럴 땐 다들 둔감해져 있어서 아무 느낌도 없습니다. 겉으로 보면 다들 아주 행복해 보입니다. 그들은 이처럼 편안한 생활방식을 좋아하지만 때로는 너무 게을러져서 쉽게 돌아다니지도 못합니다.

---

1) 〈월—E〉는 2008년 픽사가 제작하고 디즈니가 배급한, 컴퓨터 그래픽 SF 애니메이션이다. 여기서 주인공 월—E(WALL-E; Waste Allocation Load Lifter Earth-Class)는 텅 빈 지구에 홀로 남아 지구 폐기물을 수거·처리하는 로봇으로 등장한다.

이 영화에는 한 가지 메시지가 있습니다. 영화는 불자들이 '모든 것에 만연한 알아차리지 못함'이라 부르는 것이 뭔지를 보여 줍니다. 이는 우리가 가슴을 꽉 닫아 버려 자신의 고통은 물론 남들의 고통도 느낄 필요가 없는 상태입니다. 옛날 수행의 달인들은, 우리가 자신과 남들을 위한 자애와 연민을 개발하기 시작할 때까지는 개인적으로 진화하지 못할 것이며 인류 전체도 진화하지 못할 거라는 사실을 깨우쳐 줍니다. 자애와 연민의 고리는 계속 커 가고 확장될 수 있습니다. 우리 가슴도 영원히 커질 수 있습니다. 가슴에는 한계가 없습니다. 예를 들어 붓다를 생각해 보십시오. 붓다는 사람들의 사회적 계급과는 무관하게 각계각층의 사람들에게 한량없는 자애와 연민을 보여 주었습니다. 붓다의 연민은 살아 있는 모든 것, 작은 벌레까지 포함한 만물로까지 확산되었습니다. 마음을 열면 정말 이 세상에 밀어닥치는 모든 고통을 다 느낄 수 있습니다. 때로는 그 고통을 줄이기 위해 뭔가를 할 수 있기에 자신이 선한 사람인 것 같은 느낌도 듭니다. 또 어떤 때는 그 고통을 어찌할 수 없다는 무력감이 들어 낙담하기도 합니다.

인생에는 고苦가 아주 많습니다. 때로는 어려운 상황을 겪어 내야만 하는 것 같은 외적 비극이 원인이 되어 고통이 생기기도 합니다. 때로는 큰 사건이 일어나 이 세상을 뿌리까지 뒤흔들어 놓습니다. 내적이고 감정적인 고통을 느낄 때도 있습니다. 우리는 모두 고통에 매우 취약합니다. 인간이라는, 사람이라는 느낌도 고통스럽습니다. 왜냐하면 나와 남이, 자신과 이 세상이 분리돼 있다는 것이 느껴지니까요. 이러한 기본적 분리감이 의식 속에서 계속되는 한은 언제나 고통이 있게 마련입니다. 뭐라고 형언할 수 없는 고통 말입니다. 이는 존재론적 고통입니다. 이 고통이 외로움을 초래하고 외로움은 누가 곁에 있었으면 하는 갈망을 넘어 더욱더 깊어질 수 있습니다. 이처럼 외로워서 오는 고통은 겉으로 안락함을 얻는다고 해서, 내적 공허를 메우려 한다고 해서 없어지는 것이 아닙니다. 이 고통이 치유되려면 이른바 '참된 초월'이 이뤄져야 합니다. 서로의 주의주장을 용납하지 않는 수많은 정신적 전통들이 하나같이 목표로 삼은 것이 바로 이것입니다. 참된 초월은 우리가 더 이상 에고의 좁은 영역에 갇혀 있지 않다는 체험입니다.

인간으로 산다는 것은 종종 재미있을 때도 많지만 아주 어려운 일이기도 합니다. 누구나 다 그렇습니다. 거의 모든 인간이 이런 체험을 합니다. 우리 모두 중 일부분은 초월을 체험하고 싶어 합니다. 초월하면 문제가 다 사라졌다는 느낌이 듭니다. 어떻든 우리가 만물과 하나라는 느낌입니다. 정신적인 사람만 초월을 이렇게 갈망하는 것이 아닙니다. 이는 누구에게나 있는 갈망입니다. 마음을 문제로부터 멀어지게 하는 무슨 일이든 함으로써 초월을 체험하려는 사람들이 많습니다. 그래서 우리 중 많은 사람이 TV나 영화를 보거나 스포츠 경기를 보는 겁니다. 수천 명을 수용하는 큰 경기장에 갈 때는 누구나 아주 행복하고 황홀해 보입니다. 문제가 있어 보이는 사람은 아무도 없습니다. 적어도 몇 시간 동안은 무슨 문제든 다 초월됩니다. 사람들은 순수한 흥분과 기쁨뿐인 바다에서 헤엄칩니다. 쇼핑몰, 영화관, 경기장 등은 사람들이 가짜 초월을 경험할 수 있는 곳들입니다. 그런 장소들은 현대판 교회나 사원과 같습니다.

내가 몸담았던 티베트 전통에서는 이런 초월 체험에 쉽게 깊은 인상을 받으면 안 된다는 주의를 듣습니다. 우리는 '니암'이라는 티베트어를 써서 명상 수행 때 쉬이 들어갈 수 없는 이 아름답고 선하고 초월적인 체험을 표현합니다.

니암도 안개와 같은 것이니 그것에 감동하지 말지어다. 그것들은 아주 빨리 사라질 것이다. 무지개나 마찬가지다.

그것들을 체험할 때는 모든 것이 완벽하다는 느낌이 듭니다. 문제는 안개와 무지개가 영원히 지속되지 않는다는 것입니다. 아무리 아름답고 황홀해도 그것들은 언젠가는 사라집니다. 실답지 않기 때문입니다. 쇼핑몰에 가거나 굉장한 스포츠 경기를 관람함으로써 우리가 만들어 내는 초월 체험도 마찬가지입니다. 이 대단한 느낌은 영원히 지속되지 않습니다.

참된 초월을 인식할 수 있는 몇 가지 방법 중 하나는 연민 수행을 하는 것입니다. 연민은 우리라는 캐릭터를 만드는 데 도움이 될 수 있습니다. 우리는 자신을 바꿀 수 있습니다. 세상이 바뀌기를 기다릴 필요가 없습니다. 이건 좋은 소식이죠, 안 그래요?

때로 우리는 세상이 바뀌어서 좀 더 평화로워지고 선해지길 기다립니다. 때로는 주변 사람들이 변하길 기다립니다. 주변 사람들이 좀 더 친절해져서 우리 삶이 완벽해지길 기다립니다. 세상이 바뀌진 않습니다. 세상은 그저 제 할 일을 할 뿐입니다. 사람들도 바뀌지 않습니다. 그러니 우리 자신을 바꿔야 합니다. 어찌 보면 우리는 아름답게 진화할 운명입니다. 연민의 길은 친절하게, 비폭력적으로 진화하여 바뀌고, 자신의 캐릭터를 만들어 갈 수 있게 하는 길입니다. 붓다는 내적인 부를 이야기했습니다. 내적인 부란 우리 모두에게, 인간인 우리의 캐릭터 안에 있는 정신적 풍부함입니다. 8세기의 유명한 수피교 신비주의자 라비아 바슈리는 이런 내적인 부의 전형을 구현한 인물이었습니다. 바슈리는 아주 어려서 공격을 당했습니다. 신체적으로나 감정적으로나 성적으로 그녀는 학대를 당했지만 내적인 온전함은 전혀 파괴되지 않았고 나중엔 누구보다 숭배받는 수피교 성녀가 되었습니다.

우리들 각자 안에는 이러한 참된 부가 있습니다. 모두가 놀랍고 고귀한 캐릭터를 갖고 있고 그 캐릭터는 고통으로 파괴되거나 억지로 없애 버릴 수 없습니다. 그것은 참된 행복과 만족의 원천입니다. 이러한 내적이고 고귀한 캐릭터를 발전시키는 방법은 연민의 길을 개발하는 것입니다. 우리가 서로 매우 가깝다고 느끼게 되는 체험은 연민입니다. 연민을 느끼면 자기가 남과 분리돼 있거나 남과 다르다는 느낌이 없어집니다. 글자 그대로 우리가 모든 이와 하나라고 느껴지진 않을지라도, 우리 모두가 인생의 같은 상황을 어느 정도 공유한다는 것을 알게 됩니다. 그러면 자신에게만 너무 전적으로 몰두하는 습성을 버리는 데 도움이 됩니다.

고통의 대부분이 자기 이익에 너무 몰두한 데서 옵니다. 우리는 끊임없이 자기 생각만 하며 자기 자신을 보호하고 지키려고만 합니다. 자신의 안녕, 자신의 안전에 아주 관심이 많습니다. 때로 무의식적으로 바깥세상의 누군가가 또는 무언가가 즉 '남'들의 세상이 우리에게 해를 끼치면 어쩌나 하고 두려워합니다. 그러면 외로워지고 남들로부터 소외된 느낌이 듭니다. 이런 병, 고독과 고립과 소외의 병을 치료하는 데는 연민이 최고의 약입니다.

우리는 모두 특별한 친구를 갈망하지만, 종국에는 연민만이 특별한 친구입니다. 연민은 우리 자신과 남들 사이를 잇는 멋진 가교입니다. 연민은 살아 있는 모든 존재가 고통과 고통의 원인에서 벗어나기를 진심으로 원한다는 느낌으로 규정됩니다. 우리는 티베트 전통에서 하듯이 "살아 있는 모든 존재들이 고통과 고통의 원인에서 벗어나기를"이라는 기도를 외우면서 연민을 불러일으킬 수 있습니다. 이 아름다운 수행을 하면서 우리는 남들을 시각화하고 그들을 우리 마음속으로 불러들입니다. 남들이 있다는 것을 그야말로 알아채고 남들이 느끼는 바를 어떻게든 느껴 보려고 노력합니다. 이는 아름답고 신성한 약입니다. 우리 모두는 두려움이 무엇인지 압니다. 고독이 무엇인지 압니다. 남들이 겪고 있는 슬픔과 두려움은 우리 자신의 슬픔과 두려움과 고통보다 덜 고통스럽고 덜 심한 것이 아닙니다. 연민을 이렇게 아름답게 실천하면 가슴이 열려 '나'의 세상에 완전히 매몰되지 않게 됩니다. 우리의 친절한 알아차림을 확산하고 모든 이를 마음속으로 불러들이고 남들이 겪는 바를 우리도 느낍니다.

연민 수행을 이런 방식으로 한다는 것은 어렵고 심지어 조금 우울한 일로 보일 수도 있습니다. 하지만 이는 우울한 일이 아님이 판명

되었습니다. 어찌 보면 이것이 우리를 종국에는 정말 행복하게 만들 수 있는 유일한 수행인 것 같습니다. 연민은 모든 내적 고통을 치료하는 비밀스럽고 신성한 약입니다. 결국 연민은 우리에게 성취감을 줍니다. 우리 고통과 우리가 가진 문제의 대부분은 결국 자신에게만 너무 집중하는 데서 오는 겁니다. 연민을 가지면 정신적 집착에서 벗어나게 됩니다. 연민을 가지면 내면이 커집니다. 이처럼 모든 것을 포용하는 연민을 지니면 이 세상에서 오래오래 살고 싶다는 느낌이 듭니다. 인류를 더욱 사랑하고 싶어집니다. 끊임없이 감사하는 마음이 들고 삶이 놀라운 선생이라는 것을 알게 될 것입니다.

인도의 옛 스승 아리야[聖] 아상가[2]는 유식한 승려로, 12년 간 숲속에 들어가 명상했습니다. 그래도 아무 결과가 없자 그는 몹시 실망하여 산중의 은거 수행처를 떠났습니다. 길을 가다가 아프고 상처 난 개를 한 마리 만났는데, 그 개의 상처에는 구더기가 득실득실했습니다. 그는 개에게 깊은 연민을 느끼고, 상처에서 구더기

---

2) (Aryasanga. 982~1054). 인도 벵갈 왕실 출신으로, 인도에서 1040년에 티베트로 가서 불법 전파 제2기에서 핵심적인 역할을 했다. 특히 마음 닦는 법에 대한 가르침을 널리 전했다. 저술하거나 번역한 책만 200권이 넘는데 가장 유명한 저서는 《보리도등론菩提道燈論》이다.

를 제거해 주려 했습니다. 어떻게 하면 구더기를 아프게 하지 않고 개의 몸에서 제거할 수 있을지 곰곰이 생각해 보았습니다. 생각 끝에 그는 혀끝으로 구더기들을 핥아 냈습니다. 그 순간 그는 12년간 은거 수행하면서 찾고 기도했어도 소용없었던 깊은 정신적 체험을 했습니다.

가슴이 열려 있고 주변의 고통을 직시할 수만 있다면, 크건 작건 나름의 방법으로 행동할 수 있고 주변의 고통을 덜어 줄 수 있을 겁니다. 그건 무의미한 일이 아니며 연민은 아무리 작은 것이라도 살아 있는 모든 존재를 포괄할 것입니다. 연민 어린 행동 하나하나가 우리를 바꾸고 한계를 넓혀 초월이 뭔지를 보여 줄 것입니다. 그러면 남과 분리되어 있다는 느낌이 점점 없어집니다. 이런 방식으로, 자애의 고리를 넓혀 갈 수 있습니다.

2

멈추고 쉬며
가슴을 여십시오

알아차림은 투사와 패턴에서 일어나는 생각들에
더 이상 매몰되지 않는 의식 상태입니다.

붓다가 설한 것으로 되어 있는 가르침이 많이 있습니다. 그중《법구경》이라고 알려진 것은 모든 불교 전통에서 좋아하는 글입니다. 이 경은 주의주장이나 여러 신들에 관한 얘기를 하는 것이 아니라, 아름다운 시구들을 모아 놓은 것입니다. 그런 어려운 얘기 대신 자애, 용기, 지혜를 갖고 삶을 살아가는 방법을 얘기합니다.《법구경》에 이런 구절이 있습니다.

지금 이 순간 자비롭게 살아가기

우리는 생각으로 세상을 만든다.

이 구절은 생각이 얼마나 힘이 센지를 말해 줍니다. 우리는 기본적으로 생각과 마음으로 현실 감각과 이 세상이라는 의식을 만들어 내는 겁니다. 고와 락, 선과 악, 옳고 그름은 모두 상당 부분 마음이 지어내는 겁니다. 동시에 같은 장소에 백 명이 앉아 있으면 한 사람, 한 사람 다 자기만의 현실이 있습니다. 시공간적으로 이 백 명이 똑같은 순간을 공유한다고 생각하기 쉽지만, 그중엔 행복한 사람들도 있고 지극히 우울한 사람들도 있다는 것을 알게 됩니다. 이들 백 명 중 어떤 사람들은 자애와 오롯한 기쁨을 체험하지만, 또 어떤 사람들은 분노와 미움에 푹 빠져 있기도 합니다. 백 명중에는 우주가 지극히 아름답고 거룩하다고 느끼는 사람들도 있습니다. 그런 사람들은 이 세상에 존재하는 만물에 대해 감사를 느낍니다. 그런가 하면 세상은 위험하고 비참한 곳으로, 고통만이 가득하다고 느끼는 사람들도 있습니다.

이런 세계관은 둘 다, 생각하는 마음이 지어낸 것입니다. 생각이나 마음을 없앨 수는 없습니다. 이건 고를 수 있는 선택지가 아닙니다. 그런 건 불가능합니다. 우리에겐 인간다운 마음이 필요하고 생각, 착상, 믿음이 필요합니다. 인류로서 살아남으려면 그런 것이 필요합니다. 우리의 신체 체계 전체, 정신 작용, 생물학까지도 오직 생각하는 마음을 통해 살아남도록 설계돼 있습니다. 인간의 마음은 모든 것이 똑같은 패턴에서 나왔다고 봅니다. 그리고 그런 패턴들을 딱지로 만들어 붙입니다. 이런 것, 저런 것으로 나누고 범주화합니다. 그러면 한 개인으로서 자기만의 삶을 살고 있는 것 같습니다. 우리는 위험을 피하고 있으며 정념을 따르고 있다고 믿습니다. 하지만 그 생각과 패턴들을 전적으로 믿다 보면 마음이 완전히 길을 잃고 현실과의 접점도 없어집니다. 이럴 때는 우리의 잘못된 생각 때문에 큰 대가를 치러야 합니다. 우리는 인간으로서 오랫동안 실상을 깨닫지 못한 채 이 값비싼 대가를 치르며 살아온 것입니다.

불교의 가르침에서는 문제가 모두 알아차리지 못함, 즉 사물의 실상을 알아차리지 못했다는 점에서 온다고 말합니다. 그런 의미에서 명상이란 의식 속에 쉼을 만드는 것입니다. 마음에서 한 발자국만 밖으로 내딛어 보면 개인의 생각과 믿음을 인정할 수 있습니다. 끝내 완전히 거기에 말려들지 않게 도전할 수 있습니다. 마음을 믿고 머릿속에서 일어나는 생각을 모두 믿는 것이 문제의 근원입니다. 세상사람 대부분이 매일 알아차리지 못한 상태로, 마음과 생각에 빠져 길을 잃고 살아가고 있다는 게 진실입니다. 세상에, 또 우리 개인의 삶 속에 그렇게 많은 문제가 있다는 건 놀라운 일이 아님니다. 고통의 근원을 알아내기란 아주 쉽습니다. 알쏭달쏭한 것은 없습니다. 복잡다단한 철학적 분석을 해 봐야 인간의 고통을 알아낼 수 있는 게 아닙니다. 인간의 고통은 마음을 믿고 우리 생각과 가정假定에 도전하지 않는 데서 옵니다. 강력한 정신 수행은, 잠시 쉬면서 마음을 믿기를 멈추는 것입니다. 이 일을 하길 명심한다면, 우리를 바꿀 수 있습니다. 의식을 바꿀 수 있습니다.

새로운 불교 방법론과 기술을 배우는 데 아주 능한 사람들이 많습니다. 우리는 겉으로는 수행에 몸바칩니다. 하지만 지극히 중요한 수행 한 가지, 즉 우리 중 많은 사람이 찾고 있는 변화를 가져오는 수행은 잘 하지 못합니다. 우리 중에는, 쉬고 자신의 마음을 믿는 것을 멈춘다는 규율을 지키지 않는 사람이 많습니다. 종종 우리는 마음이 하는 생각을 진실이라고 받아들이곤 합니다. 마음을 믿고서 종종 남들을 판단하고 남들에게 분노를 느낍니다. 심지어 남들에게 미움을 느낄 수도 있습니다. 그래서 남들과 분리감을 느끼는 겁니다. 남들과 떨어져 있다고 느낄 뿐만 아니라 남들이 나와는 다르다는 느낌이 들며 우리가 공유하고 있는 연대감이 없어집니다. 삶의 큰 신비와의 접점을 잃어버립니다. 우리 가슴은 꽉 닫혀서 만물에 스며 있는 거룩함, 존재하는 모든 것의 거룩함, 우주

멈추고 쉬며 가슴을 여십시오

만물의 거룩함을 경험하지 못합니다. 우리는 마음이 따를 수 있는 믿음과 입장에 질문 던지길 선택할 수 있습니다. 멈추어서 쉬며 이 생각이 진정 옳은 것인지 아니면 오래된 가정과 행동 패턴에 바탕을 두고 있는지를 물을 수 있습니다.

지금이 21세기이고 이 세상이 많은 면에서 매우 앞서가고 있긴 하지만, 우리는 아직도 집단적으로 매우 알아차리지 못한 상태입니다. 우리가 직면하는 문제는 모두 이 알아차리지 못함에서 기인합니다. 언제나 이게 문제입니다. 집단적인 알아차림보다 집단적인 알아차리지 못함이 많기에 우리는 고통받는 겁니다. 우리 모두는 이 변화를 보고 싶어 합니다. 알아차림의 힘이 알아차리지 못함의 힘보다 강해지길 바랍니다. 명상자들이 더 많아지고 불교도가 더 많아지면 문제가 해결된다고 생각하는 사람들도 있습니다. 아마도 그런 일이 성취된다면 모든 것이 좋아지겠지요. 하지만 그게 해결책은 아닙니다. 명상하는 사람들은 많고, 명상자가 부족한 건 아닙니다. 하지만 우리가 세상을 바꾸지 못하는 이유는 불행히도 생각을 믿고 마음을 믿는 똑같은 악순환을 되풀이하고 있기 때문입니다.

붓다는 알아차림을 가르쳤습니다. 붓다라는 이름 자체가 "깨달은 자", 즉 알아차린 자라는 뜻입니다. 알아차린다는 건 무엇입니까? 한 가지 중요한 의미로는, 마음을 알고 투사와 심리적 패턴에서 떠오르는 생각들을 믿기를 멈춘다는 뜻입니다. 알아차림은 투사와 패턴에서 일어나는 생각들에 더 이상 매몰되지 않는 의식 상태입니다.

반면 알아차리지 못함은 이런 생각, 정신적 투사, 꾸며낸 이야기에 빠져 헤매는 상태입니다. 이처럼 알아차리지 못한 생각은 걱정, 두려움, 분노에서 일어날 수 있습니다. 이런 생각에 도전하면 알아차림이 일어납니다. 지금 당장은 알아차리지 못함이 알아차림보다 세상에서 더 힘이 셉니다.

다행히, 알아차림도 강한 힘입니다. 이따금씩 사람들이 여럿이 함께 여기 와서 "거룩한 컨테이너"를 만들 때가 있습니다. 이건 제가 붙인 이름입니다. 사람들이 개인적으로나 집단적으로 의도를 만들어 가슴을 깨우고 열어젖힐 때 '거룩한 컨테이너'가 생깁니다. 사람들은 애써 마음으로부터, 생각으로부터, 믿음과 습관적 감정적 성향으로부터 물러서 있습니다. 이 '거룩한 컨테이너' 안에 알아차림의 힘이 있습니다. 정말 온 세상이 다 거룩한 컨테이너인 것은 아닙니다. 세상은 대부분의 경우 알아차리지 못함의 세상입니다. 우리가 이 사실을 받아들여야 한대도, 아직 멀었습니다. 알아차리지 못하고 고통스럽고 폭력적인 이 세상에 대해 가슴을 열고 세상을 사랑해야 합니다. 세상을 버리고 아름다운 숲속이나 산중 높은 곳에 일종의 거룩한 컨테이너를 만들어야 하는 것이 아닙니다. 그래

멈추고 쉬며 가슴을 여십시오

서 되는 일은 아닙니다. 알아차리지 못함이 대세일 때는 알아차리지 못함은 스스로 영양을 공급해 자라납니다. 나의 알아차리지 못함이 누군가의 알아차리지 못함을 키울 수도 있습니다. 알아차리지 못함은 이렇게 기능합니다.

알아차리지 못함은 때로 군침 도는 상태일 수도 있습니다. 그것은 공격, 폭력, 미움, 갖가지 개념과 함께 찾아옵니다. 로마 제국 때 사람들은 수많은 원형극장을 세웠고 그 안에서 무시무시한 범죄가 자행되었음을 기억하십시오. 이 범죄는 기가 막힌 여흥이 되었습니다. 사람들은 전적으로 이에 무심했습니다. 그걸 보고 환호를 보내며 재미있어 했습니다. 그것이 로마 제국 시대의 마지막 여흥이었습니다. 남을 죽이는 것을 구경하면서 그것을 여흥이라 여겼다니 상상하기 힘듭니다. 검투사들과 야생동물들이 서로 아무 슬픔도 감각도 없이 찔러 죽이는 광경을 보는 것이 재미있는 구경거리였다니, 상상해 보십시오. 그걸 보면서 소리 지르고 웃었다는 걸 상상하기 힘듭니다.

그러니까 성숙하고 책임 있는 인간으로서 우리의 질문은 이렇습니다. 우리는 이 세상에서 어떤 일을 하고 싶은가? 우리가 서로서로, 다른 생물과, 지구와 맺는 관계에서 나타나는 알아차리지 못함, 분노, 미움 등 엉망진창인 상황에 무슨 영향을 끼칠 수 있는가?

어떻게 하면 상황을 바꿀 수 있는가?

이 질문에는 한 가지 답밖에 없습니다. 가슴을 열어 놓고 있어야 한다는 겁니다. 세상에 많은 폭력과 분리, 미움, 두려움이 있는 것은 사실입니다. 하지만 사람들 하나하나가 우리 사촌, 우리 조카딸, 우리 조카라는 걸 기억할 수 있습니다. 때로 아무리 어려울지라도 가슴을 닫아걸지 않는 것이 핵심입니다. 일이 실망스럽고 힘들 때라도 인류에게 고통에게 이 세상에 대해 가슴을 열 수 있습니다. 우리 대 그들의 대결이 아닙니다. 오직 하나의 크고 다양한 가족만 있습니다. 누구도 배척할 수 없습니다. 어떤 집단도 내칠 수 없습니다. 인류 전체가 하나의 큰 가족입니다. 때로는 놀라운 가족이지만 또 어떤 때는 삐그덕거리는 가족이기도 합니다. 그러나 우리는 한 가족이라서 누구도 집밖으로 내쫓을 수 없습니다. 모든 인간은 형제자매임을 우리는 깨닫습니다. 모든 인간은 우리의 사촌, 우리의 조카딸, 조카입니다. 살아가는 상황이나 세상의 상황이 아무리 어려워도 가슴의 문을 닫아걸지 않는 것이 핵심입니다.

이 세상을 다시 사랑합시다. 설령 집단적인 알아차리지 못함이 있더라도 이 세상을 사랑합시다. 세상을 향해 가슴을 활짝 엽시다. 인류에 대해, 고통에 대해 가슴을 엽시다. 다른 사람의 입장에서 사물을 보면 그들의 고통을 볼 수 있고 느낄 수 있습니다. 그러면 용서가 훨씬 쉬워집니다. 스스로 생각하고 행동할 여지가 더 생깁니다. 선택의 여지도 더 넓어집니다. 우리 각자는 등불, 알아차림의 불빛이 되어 이 사랑스러운 인간 세상에 또 사랑하는 인류 형제자매들에게 놀라운 선물을 줄 수 있습니다.

지금 이 순간 자비롭게 살아가기

3

하나의
가족

우리는 자신에게, 또 인류 전체에게 연민을 가져야 합니다.
우리 모두는 업이라는 아주 무거운 짐을 지고 있기 때문입니다.
이는 아무도 피할 수 없습니다.
그러니 자신과 인류 전체를 받아들이고 용서해야 합니다.

우리 모두가 갖는 가장 강한 충동 중 하나는 초월을 경험하고 싶다는 것입니다. 초월 속으로 들어가면 걱정거리가 모두 잊힙니다. 더 이상 두려움에 지배 받지도 않고 걱정, 근심과 함께 밀려오는 세상사의 파도에 휩쓸리지도 않습니다. 그래서 우리는 초월을 바라는 것입니다. 이따금씩 글자 그대로 우리와 관련된 개인적 문제들과 세상만사를 다 잊고 높이 솟아오르는 순간이 있습니다. 시야는 좀 더 넓어지고 확장됩니다. 좀 더 큰 현실과 하나

지금 이 순간 자비롭게 살아가기

가 되니 만사 오케이입니다. 이를 초월이라 부릅니다. 동시에 세상에서 벌어지는 일들—전쟁, 폭력, 여러 가지 원인에서 오는 많은 고통—도 부정할 수 없습니다. 모든 걸 잊고 솟아오를 때는 분명 놀라운 순간이 있지만, 결국은 개인의 삶이나 이런저런 세상사로 번번이 돌아오게 됩니다.

명상이나 기도 중에 초월을 느끼는 사람도 많습니다. 초월을 경험하는 것은 놀랍고 고무적인 일입니다. 우리 모두에게 필요한 쉼입니다. 하지만 그 영역에서 언제까지나 살 수는 없습니다. 돌아와야 합니다. 현실이 마음에 안 든다 하여 그걸 부정할 수는 없습니다. 우리는 마음에 들지 않는 일과 그런 일이 벌어지는 이유를 이해하려고 노력할 수 있습니다. 이는 현실을 이해하면서 업의 이론을 바라보려는 최선의 방법 중 하나입니다. 업의 이론은 힌두교와 불교에서 모두 좋아한, 중요한 지혜입니다. 그것은 이론이나 주의가 아닙니다. 오히려 개인적, 사회적, 세계적 차원에서 작동하는 살아 있는 지혜입니다. 이 지혜는 우리가 모든 조건의 복잡하고 역동적인 본성을 이해하는 데 도움이 될 수 있습니다.

업이라는 개념은 새로운 것이 아닙니다. 업이라는 단어나 개념은 노래나 팝 음악 등 어디서나 찾을 수 있습니다. 나쁜 일이 일어났을 때는 흔히 "내 업이다."라는 말을 합니다. 때로는 "당신의 업이다."라는 말도 합니다. 물론 누구에게 이런 말을 하면 듣는 사람이 상처를 받겠지요. 마치 자기 잘못이라는 말 같으니까요. 하지만 티베트 문화에서 어떤 일을 "나의(혹은 당신의) 업"이라고 할 때는 모든 걸 내려놓고 받아들이며 평화롭고 연민이 깃들고 지혜롭다는 의미가 있습니다. 어려운 상황을 겪고 있는 사람을 볼 때, 자애와 친절한 가슴으로 "이건 당신의 업"이라고 하면 듣는 사람도 알아듣습니다. 듣는 사람도 이런 말을 하는 우리가 냉정하다거나 무정하다고 느끼지 않습니다. 오히려 이 말을 정신적 조언으로, 놀라운 깨우침으로, 즉 깨달은 사람들의 지혜로운 가르침을 깨우쳐 주는 말로 받아들이는 겁니다.

불교 전통과 힌두교 전통은 업을 깊이 이해하고 이 이론을 써서 삶의 복잡하고 역동적인 본성을 이해합니다. 지금 이 세상에서 벌어지는 일에 대한 하나의 대답은 그것이 우리의 업, 공업共業이라는 것입니다. 우리의 업, 공업이라는 말의 의미는 원인과 조건이 복잡하게 얽혀서 이런 일이 일어난다는 것입니다. 불교적 생각에서 보면 만사가 원인과 조건에 따라 일어납니다. 순전히 우연하게 일어나는 일은 아무것도 없습니다. 지금 목전에서 일어나는 일은 개인 차원에서나 더 넓은 사회 차원에서나 모두 수많은 원인과 조건들이 모여 생긴 결과입니다. 세월이 가면서 사람들이 해 온 선택들과 지금 하고 있는 선택들이 열매 맺은 것이 업입니다. 당신과 내가 오늘 하고 있는 선택과 우리 부모들, 조부모들, 조상들이 했던 선택도 그렇습니다. 그들이 했던 행동들과 그들의 의식 상태도 마찬가지로 나중에 열매를 맺습니다.

업은 우리가 취하는 모든 행동들이 언젠가 강력한 영향을 미친다는 가르침을 줍니다. 또 우리가 몸담고 사는 의식 상태가 우리 삶과 주변 사람들의 삶에 장기적인 영향을 미친다는 것을 환기시켜 줍니다.

자연을 보십시오. 자연은 아마 가장 강력한 선생 중 하나일 겁니다. 오늘날 우리는 지진, 화재, 기후 변화 등 많은 생태적 위기를 겪고 있습니다. 이런 환경적 위기는 대부분 인간의 행동이 낳은 결과입니다. 이런 견지에서 보면 우리가 하거나 하지 않는 행동이 대단한 영향을 미쳐 그 영향이 우리의 개인적 삶을 넘어선다는 것을 알 수 있습니다. 우리 모두는 업의 법칙을 눈앞에 생생히 보고 있습니다.

불교는 우리 행동이 업에 의한 결과를 남기듯 의식 상태에도 업의 결과가 있다고 가르칩니다. 그렇기에 내면을 들여다보고 몸담고 살고 싶은 의식 상태를 선택하는 것이 아주 중요한 겁니다. 우리는 깨어나지 못한 의식 상태에 머무는 편을 선택할 수도 있고 좀 더 깨어난 상태를 선택할 수도 있습니다. 좀 더 깨어난 상태에는 자애와 연민이 좀 더 많고 우리가 모두 이 안에 함께 있다는 의식도 더 많습니다. 업의 이론에서 지금 일어나는 환경적 조건들이 어느 정도 우리 자신의 행동의 결과라는 가르침을 받지만, 이 이론은 우리가 무슨 일인가를 할 수 있다는 가르침도 줍니다. 우리가 숙명을 바꿀 수는 없습니다. 하지만 미래의 흐름을 바꾸기 위해 행동을 취할 수는 있습니다. 우리는 미래—우리 자신의 미래뿐만 아니라 인류의 미래—를 바꿀 힘이 있습니다. 거기서 우리는, 살면서 체험하는 모든 상황과 조건들이 우리가 몸담고 살길 선택하는 마음 상태의 표현이라는 가르침을 받습니다. 이건 사실입니다. 왜냐하면 우리의 마음 상태가 행동을 결정하기 때문입니다. 공업이라는 관점에서 보면, 세상에서 일어나는 모든 일들이 더 이상 남의 업이 아니기 때문입니다. 그건 우리의 공업입니다. 당신의 업의 끝이 바로 내 업이며, 내 업이 당신의 업입니다. 우리 모두는 같은 운명을 공유하고 있는 겁니다.

20세기 인도의 현자 빠담빠 상계[3]는 '띵그리 사람들에게 주는

---

3) 11세기 후반 티베트의 불자들에게 가르침을 전한 인도 딴뜨라 운동의 마하싯다 중 하나. 인도인인 그는 티베트로 다섯 번 이상 여행했고 세 번째 갔을 때 마찍 랍된을 만났다. 초드 계보에 많이 등장하며 티베트에서는 초드의 아버지로 알려져 있다. 그의 가장 잘 알려진 가르침은 '평정'으로, 이 가르침은 마찍 랍된이 창시한 마하무드라 초드 계보의 한 요소가 되었다.

조언'이라는 가르침에서 전 세계가 우리 땅이요, 우리 공동체이며 우리 부족이라는 관점을 견지하라고 조언했습니다. 그는 말했습니다. 당신의 가슴에서 빼놓을 수 있는 사람이 아무도 없다고요. 가슴을 넓혀 전 세계를 이웃으로, 살아 있는 모든 존재를 형제자매로 껴안아야 합니다. 그들의 슬픔과 고통도, 행복과 기쁨도 기꺼이 함께 나누어야 합니다. 인류를 구분하려는 것은 현명한 일이 아니라는 것을 공업에서 배웁니다. 공업은 모든 분리를 초월하라고 가르칩니다. 왕왕 우리 집단이나 우리 종족은 현명하고 진화한 종족이며 언제나 올바른 결정을 하는 종족인 반면, 다른 집단은 좀 더 원시적이고 미개하고 진화도 덜 된 집단으로 나쁜 결정을 내린다고 생각하는 경우가 많습니다. 이런 불건강한 구분을 하기란 쉽지만 빠담빠는 어떤 류의 구분이라도 구분은 불건강하며 에고의 작용일 뿐이라고 말합니다. 그는 우리에게 가슴을 넓혀 인류 전체를 껴안으라고 촉구합니다. 구분이라는 게 전혀 없기 때문입니다. 세상은 하나뿐이요, 인종도 하나뿐입니다. 우리는 모두 한 가족입니다. 가족 구성원 중 하나, 여러분이 완벽하고 무조건적으로 사랑하는 사람이 난관을 겪고 있다고 상상해 보십시오. 여러분은 가족 구성원의 행복도 고통도 함께 나누고 싶을 겁니다. 인류 전체가 우리 가족이라고 상상할 수 있다면 그건 매우 힘이 셀 겁니다. 실제로 우리는 하나의 대가족입니다. 가족 구성원들은 말을 하고 무슨 일인가를 하고 완전히 도전적인 의식 상태를 보여 줄 수도 있습니다. 하지만 그들은 어쨌든 가족이며, 결국에는 연민을 가지라는 것이 현명한 답변입니다.

최근 뉴스에 나온 이야기가 하나 있었습니다. 바다에서 두 소년이 수영을 하다가 매우 강한 소용돌이에 휘말려 떠내려가게 되었습니다. 다시 해변으로 헤엄쳐 올 수가 없었습니다. 식구들 중 몇 명이 구해 주러 그쪽으로 헤엄쳐 갔지만, 그들도 소용돌이에 휘말렸습니다. 얼마 안 가 아홉 명이 바다 속에서 오도 가도 못하고 해변으로 돌아오지도 못하고 있게 되었습니다. 해변에 있던 사람들은 무슨 일이 일어나는지 알아챘고, 바다로 들어갔습니다. 그들은 서로 손을 잡고 인간 띠를 만들었습니다. 인간 띠는 해변에서 사람들이 오도 가도 못하고 있는 바닷속까지 이어졌습니다. 이 식구들은 하나씩 하나씩 인간 띠를 이루는 손을 움켜잡고 다시 해변으로 돌아올 수 있었습니다. 헤엄치던 사람들 모두 구조되었습니다. 다친 사람도 없었습니다.

우리가 함께 행동하여 위기에 빠진 모르는 사람들을 보살피면 어떤 힘이 나오는지가 이 이야기로 증명됩니다. 우리는 서로서로 많이 도울 수 있습니다.

우리는 자신에게, 또 인류 전체에게 연민을 가져야 합니다. 우리 모두는 업이라는 아주 무거운 짐을 지고 있기 때문입니다. 이는 아무도 피할 수 없습니다. 그러니 자신과 인류 전체를 받아들이고 용서해야 합니다. 기본적으로, 우리는 누구나에게 시간을 조금씩 주어야 합니다. 성장할 시간, 실수할 시간, 좀 더 성숙할 시간을. 우리 모두가 아주 짧은 시간 동안만 지구에 삽니다. 우리는 모두를 연민하고 이해해야 합니다. 우리의 참모습을 받아들이고 고통을 받아들이고 실수를, 잘못된 선택을, 사회 전체로서 몸담고 살고 있는 의식 상태를 받아들여야 합니다.

업의 이론은 매우 큰 힘을 줍니다. 이 이론이 가르치는 것은, 우리가 자신을 바꿀 수 있고 상황을 바꿀 수 있다는 것입니다. 때로는 변화가 하룻밤 사이에 일어날 순 없지만, 적어도 공업을 바꾸기 시작하는 행동을 취할 수는 있습니다. 불교가 우리에게 가르치는 것은, 업이 단지 우리가 취하는 행동일 뿐만 아니라 우리가 몸담고 살기를 선택한 의식 상태이기도 하다는 것입니다. 마음속의 업은 세상에서 가장 강력한 힘 중 하나입니다. 우리가 취하는 모든 행동은 우리가 진짜라고 믿는 정신 상태에서 나오기 때문입니다. 우리의 마음은 우리가 내뱉는 말의 본성과 특질, 우리가 취하는 모든 행동을 결정하는 바로 그것이기 때문입니다. 세상을 바꾸는 최선의 방법은 스스로에 대한, 서로에 대한, 아름다운 지구를 공유하는 모든 생명에 대한 자애를 키우는 것입니다. 자애는 힘이 셉니다. 티베트 문화에는 이런 말이 있습니다.

마음이 선하면 매사가 잘 풀린다.

선한 마음은 우리 모두의 참본성입니다. 모두에 대해—우리 자신에게, 이 세상에, 인류에게— 그 선한 마음을 견지합시다.

4

네가
먹이를 주는 쪽

지금 위험한 늑대가 이기고 있습니다.
바로 그 순간 그 늑대에게 먹이를 주지 말아야겠다는 선택을 하는 겁니다.
먹이를 주지 않는 것, 그것이 우리가 해야 할 일입니다.

불교 전통에는 '홀림에서 깨어난 마음'이라 불리는 마음 상태가 있습니다. 홀림에서 깨어난 마음은 우리가 내면을 들여다보고 깊이 자리잡은 생각과 감정적 패턴들을 볼 때 생깁니다. 우리 마음에는 경향성이 있습니다. 분노, 두려움, 탐욕, 미움, 질투 등의 습관적 패턴입니다. 내면을 들여다보면, 우리가 하는 행동이 무의식적으로 이런 마음의 부정적 경향성과 습관적 패턴들에 지배받는다는 것을 알 수 있습니다. 우리는 '삼사라(윤회)'라 불리는 자

지금 이 순간 자비롭게 살아가기

신의 깨어나지 않은 의식 상태의 힘에 거의 주눅들어 있습니다. 이런 류의 성찰을 해 보는 것은 아주 쓸모 있는 일입니다. 세상사람들 중 이런 성찰을 하는 사람이 더 많아진다면 정말 좋을 겁니다.

홀림에서 깨어난 마음을 키운다는 것은 그리 흥미롭거나 매력적인 일 같지는 않습니다. 하지만 우리 모두가 이따금씩 이 성찰을 해 보면 좋겠다고 나는 권합니다. 행복하고 즐거워지는 방법을 가르치는 것 등 다른 수행이 이보다 훨씬 더 생산적인 것 같긴 합니다. 하지만 자신을 바꾸고자 하는 사람이 있다면 필히 이 성찰을 해야 합니다. 우리 모두 일상에서 이 성찰과 수행을 해 보자고 나는 강력히 권합니다.

마음을 철저히, 정직하게 들여다보고 그 경향성을 샅샅이 살펴보십시오. 마음속에 두려움, 분노, 판단, 죄의식, 수치심이 있다는게 보일 것입니다. 이런 것이 마음속에 아주 많이 있는데도 우리는 인정하지 않습니다. 인정하면 자신의 마음이 그야말로 겁날 수 있습니다. 하지만 이는 나쁜 소식이 아니라 좋은 소식입니다. 아마 우리 모두는 때때로 자신의 마음이 겁날지도 모릅니다. 마음 때문에 겁이 난다 하여 우리가 남들보다 더 망상에 빠져 있다거나 더 엉망으로 산다는 건 아닙니다. 오히려 그 정반대입니다. 그건 우리가 남들보다 더 깨어 있고 더 잘 알아차린다는 뜻입니다. 이런 성

네가 먹이를 주는 쪽

찰을 하면 우리 가슴과 마음에 전적으로 새로운 수준의 깨어남과 변모가 올 것입니다.

　나는 어렸을 때 스승 라마 추를로와 함께 많은 시간을 보냈습니다. 그분을 만났을 때 난 아주 어렸고 불교 수행에 대해, 또 스승들이 가르치는 성찰이나 명상에 대해 별로 아는 바가 없었습니다. 나는 언제나 라마 추를로와 시간을 보내고 싶었지만, 동시에 그분을 참 무서워하기도 했습니다. 왜 그렇게 무서워했는지 모르겠습니다. 나의 무서움은 전적으로 이치에 맞지 않는 것이었습니다. 라마 추를로는 아주 점잖은 분이었고 장애가 좀 있었습니다. 그분은 다리를 절면서 걸었습니다. 더없이 친절한 분이었지만 그분이 계신 자리에 같이 앉아 있긴 무서웠습니다. 그러면서도 난 그분과 시간을 많이 보내고 싶었고, 왜 무서운 건지를 몰랐습니다. 만약 그분이 날 심하게 대했다면, 그분이 계신 자리에 같이 앉기를 무서워한다는 게 말이 되었을 겁니다. 하지만 그분은 매우 친절했습니다. 저분은 내 마음을 읽고 계시구나 하는 느낌이 들곤 했습니다. 왜냐하면 그분은 너무도 깨어 있으셨으니까요. 그분이 내 마음을 읽지 말았으면 하고 바라는 내 일부가 있었습니다. 그건 마치 집이 엉망이고 쓰레기가 가득한 상태에서 손님을 부르고 싶지 않은 거나 마찬가지였습니다. 자다 깨어나 문득 누군가 와서 날 부를 거란 기억은 나는데, 어젯밤 늦게 잠들었고 진공청소기를 돌리고 식탁을 치우기를 잊어버린 것과 같습니다. 그 시절엔 내 마음을 정말로 들여다볼 용기가 없었고 이른바 삼사라의 공포나 홀림에서 깨어난 마음을 느끼지도 못했다는 게 핵심입니다. 하지만 어쨌든 스승이 항상 내 마음을 읽고 있다는 걸 난 직관적으로 느꼈습니다. 아마 남의 마음을 들여다보시는 분이라서 그 결과로 내 마음을 읽고 계셨던 것이 아니라, 그분이 매우 성숙하고 현명한 사람이었기에 그랬을 겁니다. 때로는 남의 마음속에서 일어나는 일을 직관적으로 알아낼 수도 있는 법이니까요.

나는 여러분에게 이런 근본적 성찰을 해 보라고 요청하겠습니다. 사실, 요청이 아니라 꼭 해 보라고 애걸한다는 게 더 맞겠습니다. 자신의 마음을 너무 많이 두려워하고 있지 않나 확인해 보십시오. 항상 성찰하라는 게 아니라 이따금씩 해 보라는 겁니다. 각계각층의 많은 세상사람들이 이런 근본적 성찰을 하기로 한다면 참 좋을 겁니다. 일단 자기 마음에 대해 이 특별하고 호의적인 두려움이 들면, 자신을 바꾸고 의식을 바꾸고 싶다는 생각이 들고 그럴 동기가 생길 겁니다.

아메리칸 인디언들 사이에 전해 오는 아름다운 이야기가 있습니다.

할아버지와 손자가 얘기를 주고받습니다. 할아버지가 말합니다. "내 마음속에 지금 전쟁이 벌어지고 있단다. 참 꼴사나운 싸움이지."

손자가 묻습니다. "무슨 전쟁인가요?"

할아버지가 대답합니다.

"늑대 두 마리 사이의 싸움이란다. 한 마리는 못되고 미움이 많고 화가 나 있고 인색하고 수동적 공격성이 있고, 자기 연민이 많고 남보다 우월하거나 열등하다는 마음으로 교만에 차 있지[4]. 또 한 마리는 아주 선하고 근심, 걱정이 없고 쾌활하고 남을 용서하고 유머러스하고 연민이 많고 용기 있고 사랑이 많고 너그럽고 가슴이 열려 있단다."

손자가 묻습니다.

"그럼 어느 쪽이 이 전쟁에서 이길까요?

할아버지가 대답합니다.

"네가 먹이를 더 주는 놈이 이기지."

---

4) 불교에서는 교만이나 열등감을 다 불선한 것으로 본다.

이는 우리 모두가 기억하고 남들과 나눠야 할, 울림이 큰 이야기입니다. 남달리 현명한 할아버지는 내면에서 벌어지는 이 전쟁을 알아차릴 수 있었습니다. 많은 사람들의 경우, 아직 알아차리지 못했기에 아예 이런 전쟁조차도 없습니다. 이 전쟁을 알아차리려면 내성內省과 자기성찰이 있어야 합니다. 정말로, 많은 사람들의 경우 두려움과 탐욕의 늑대가 항상 이깁니다. 매일매일 크게 이깁니다. 부정적 측면을 구현하는 늑대와 자신을 동일시하는 사람들이 많습니다. 할아버지가 알고 있던 이 싸움은 많은 사람이 정신적 여행을 하면서 알아차리게 되는 경험입니다. 마음속에서 벌어지는 전쟁은 거룩한 서사시와 많은 정신적 전통에서 전해지는 이야기 속에 나옵니다.

일단 관심을 안으로 돌리면, 이 늑대 두 마리의 싸움이 보이고 그러면 어느 쪽에 먹이를 줄 것인지 선택할 수 있습니다. 두려움, 판단, 분노, 자기 연민, 수동적 공격성의 늑대에게 먹이를 줄 수도 있고 사랑, 친절, 연민, 너그러움 등의 늑대에게 먹이를 줄 수도 있습니다. 이론적으로는 대부분의 사람들이 일단 마음속의 전쟁을 알아차리기만 하면 당연히 선한 늑대에게 먹이를 주는 편을 선택할 것 같지요. 하지만 그렇지 않습니다. 때로 우리는 일부러 위험한 늑대에게 먹이를 주기도 합니다. 때론 그것이 심리적인 이유 때문이기도 합니다. 아주 고통스러운 일을 직면하고 싶지 않아서 전략이나 내적인 방어 기제로 그렇게 하는 겁니다. 작가 제임스 볼드윈은 이런 말을 했습니다. "사람들이 그렇게도 집요하게 미움에 매달리는 이유 중 하나는 일단 미움이 사라지고 나면 고통을 직면해야 하기 때문이라고 생각된다." 이는 우리 모두가 떠올려야 할 강력한 말입니다. 볼드윈은 상처 받은 마음과 진다는 것, 트라우마가 생긴다는 것이 싫어서 미움으로써 거기서 벗어날 수도 있다는 걸 지적했습니다. 그러지 않으면 우리는 죄의식과 수치심을 느낄 수 있습니다. 이런 부정적 감정을 체험하고 싶지 않은 사람들이 많아서 미움에 기대는 겁니다. 몇몇 사람만 그러는 게 아닙니다. 때로는 문화 전체가 그렇게 합니다. 어느 문화에나 집단적 미움이라는 게 있고, 때로 사람들은 자기가 옳고 힘세고 권력이 있다는 느낌이 들게 하니까 이 증오에 집착하는 겁니다. 현명한 할아버지의 말씀대로, 이 전쟁은 우리 각자의 마음속에서 항상 일어납니다. 우리는 내면을 들여다보고 저항의 층과 고통을 겪고 싶지 않아서 위험한 늑대에게 먹이를 주는 무의식적 전략의 층을 보길 원할지도 모릅니다. 사실은 우리가 언제나 선택할 수 있다는 겁니다.

행여 자신의 마음에 겁먹을까 두려움을 느끼는 것은 좋은 일입니다. 붓다는 이런 두려움을 느꼈습니다. 붓다는 가르침에서, 이 세

지금 이 순간 자비롭게 살아가기

상에 존재하는 폭력과 광기가 두렵다고 말했습니다. 물론 항상 이런 두려움 속에서 살 필요는 없습니다. 하지만 어떻게든 시간을 할애해 어쩌면 일주일에 약간의 시간을 내어 가만히 앉아서 이 신성한 두려움을 그대로 느껴 보는 것은 중요합니다. 핵심은 항상 가능한 한 알아차리는 것입니다. 알아차린다는 것은 이런저런 방식으로 마음을 관찰한다는 것입니다. 내면에서 무슨 일이 일어나는지 관찰하고, 판단하지는 않지만 거기 매몰되지는 않는 공간을 만들면서 바로 그 순간 체험하는 생각과 느낌과 정서를 들여다보는 겁니다. 그러면 위험한 늑대에게 먹이를 주지 않는 편을 택하게 됩니다. 들여다보면 위험한 늑대가 매우 활동적이며 힘이 세다는 것이 보입니다. 지금 위험한 늑대가 이기고 있습니다. 바로 그 순간 그 늑대에게 먹이를 주지 말아야겠다는 선택을 하는 겁니다. 먹이를 주지 않는 것, 그것이 우리가 해야 할 일입니다.

또 어떤 때는 내면을 들여다보니 선한 늑대에게 먹이를 주고 싶다는 마음이 들 수도 있습니다. 둘 중 한 늑대에게 먹이를 주는 방법이 여러 가지 있습니다. 티베트 사람들이 '선한 마음'이라고 일컫는 수행을 할 수도 있습니다. 티베트 스승들은 자애와 연민을 개발함으로써 선한 늑대에게 먹이를 주는, 놀랍고도 매우 실제적인 기술을 발전시켰습니다. 이런 기술로 그들은 깨달은 마음을 개발했습니다. 문을 열면서 "나는 지금 살아 있는 모든 존재를 해방시키는 도시의 문을 열고 있다."라고 마음에게 말해 보십시오. 설거지를 하거나 손을 씻으면서 "지금 나는 살아 있는 모든 존재에게서 슬픔을 씻어 내는 중이다."라고 말해 보십시오. 걷고 있을 때는 "지금 인간 모두를 해방의 도시로, 열반의 도시로 데려가고 있다."라고 말해 보십시오.

정말로는 논리에 안 맞지만 이런 놀랍고 대담한 생각들을 개발하여 마음을 바꿀 수 있다는 게 보일 겁니다. 일부러 선한 늑대에게 먹이를 줄 수도 있습니다. 선한 마음의 핵심을 한 문장으로 하자면 "살아 있는 모든 존재에게 내가 도움이 되기를." 하는 기원일 것입니다. 몇 초만 내어 이 문장을 외운다면 가슴이 열리고 의식이 확장되는 것이 보입니다. 판단과 미움과 관련된 이 놀랍고 선한, 숱한 생각들 사이의 차이점이 보입니다. 선한 생각들은 의식에 대단한 힘을 미칩니다.

아침에 시를 읊는 것은 매우 생산적인 일일 수 있습니다. 하루종일 올곧은 의도를 확립하는 데 시가 도움이 됩니다. 이건 매우 강력한 일입니다. 하지만 이때 꼭 전통적인 시를 사용할 필요는 없습니다. 읊을 거룩한 시를 손수 지어도 됩니다.

지금 이 순간 자비롭게 살아가기

"오늘 나는 마음챙김을 할 것이다. 알아차린 채로 살 것이다. 선한 늑대에게 먹이를 줄 것이며 위험한 늑대에게 먹이를 주지 않을 것이다." 이런 말을 해도 됩니다. 이런 구절을 매일 알아차리면서 외운다면 우리 의식이 변하고 있다는 것을 알아챌 수 있을 것입니다. "여기저기 흩어져 살고 있는 존재들에게 내가 도움이 되기를." 이런 구절을 큰 소리로 또는 말없이 속으로 읊을 때, 그 구절은 실제로 만트라가 됩니다.

만트라란 마음을 해방시키는 말이라고 규정할 수 있습니다. '만'이란 '마음'이란 뜻이며 '트라'란 '보호한다'는 뜻입니다. '만트라'라는 말을 규정하는 한 가지 방법이 있습니다. 만트라는 우리 마음을 나쁜 늑대로부터 보호하는 주문이라 할 수 있다는 겁니다. 우리는 진언이나 선한 문장을 큰 소리로 또는 말없이 외움으로써 마음과 가슴을 바꿀 수 있습니다. 일단 만트라를 삶 속에 집어넣기 시작하면 머지않아 마음과 가슴의 내적 변화라는 형태로 긍정적인 결과를 보게 될 것입니다.

5

자애와 연민의
고리 넓히기

어쩌면 우리의 수행은 딱히 얘기를 나누고 싶지 않은 사람과
더불어 얘기하거나 시간을 보내는 것일지도 모릅니다.

우리 모두에겐 의식이 있습니다. 눈을 뜨면 형태와 색깔과 움직임이 보입니다. 귀로는 음성과 소리들이 들립니다. 의식이 이 모든 내용을 알아차립니다. 의식은 매우 특별할 수도 있습니다. 자애와 연민을 체험할 수도 있지만 때로는 조금 헷갈릴 수도 있습니다. 특히 의식이 자신을 알아차리게 되어 독립된 자아감을 펼쳐 갈 때면 그러합니다. 이건 '나'라는 것이 있고 '저기 밖에' 세상이 따로 있다는 체험입니다. 그때 우리는 '내'가 모든 사람과 만물과 동떨어져 따로 있다는 의식을 펼쳐 갑니다. 불교 가르침에서 이 체험은 흔히 '원초적 망상'이라고 합니다.

우리가 다른 것과 분리되어 있다는 체험을 하면, 좋은 것들이 따로 있다고 정해 놓게 됩니다. 자연스럽게 좋다고 생각하는 것에 끌리는 마음, 욕망, 움켜쥠이 발달됩니다. 그러면 편안하고 안전합니다. 그 다음에 덜 좋은 것들이 있다고도 정해 놓습니다. 이런 것들은 보통 도전이나 위협이 됩니다. 자연스럽게 싫어하는 마음, 분노나 도전받는다는 느낌이 커 가게 되고, 심지어 남에게서 배척받기도 합니다. 때로는 미움과 분노를 체험하고 행동하여, 그런 행동이 남에게 해를 끼치고 고통을 주기도 합니다.

좋고 싫음, 움켜쥠과 싫어함은 우리 마음속에서 매우 강합니다. 쉽게 떨쳐지지 않습니다. 그것들은 마음속에 오래 머무르며 현실 인식, 따라서 여러 중요한 결정에 영향을 미치고 색을 입힙니다. 무엇이 좋다는 체험은 너무 강해서 붓다는 그것을 '갈애'라 불렀습니다. 붓다는 이런 갈애를 세 범주로 나누었습니다. 쾌락에 대한 갈애, 존재에 대한 갈애, 존재하지 않음에 대한 갈애 이렇게 세 가지입니다. 이런 갈애는 우리 체계 속에 너무 깊이 뿌리박혀 있는 성향인지라 당장 바꿀 수는 없습니다. 이 세 가지 갈애의 개념은 인간이 왜 비참한지 그 첫 번째 근원을 아는 데 중요합니다. 인간

자애와 연민의 고리 넓히기

참상—근심, 걱정, 두려움, 미움—의 원인은 이 세 가지 갈애 중 하나라고 붓다가 말했기 때문입니다.

존재에 대한 갈애는 우리 마음이 좋다고 생각한 것들을 바라고 움켜쥐는 것과 결부시킬 수 있습니다. 바라는 것들 중에는 우리가 얻고 싶어 하거나 잃고 싶지 않아 하는 것들이 있습니다. 우리는 공공연히 어떤 사람이나 관계에 집착할 수도 있습니다. 우리는 많은 것에 집착합니다. 예를 들어 물건에 집착합니다. 집착의 대상은 집이나 차처럼 큰 것도 있지만 신발이나 칫솔, 휴대폰같이 작은 것일 수도 있습니다. 이런 물건들이 있으면 더 행복하고 편리해진다고 에고는 생각합니다. 그런 물건들이 있으면 어느 정도는 편리하고 안전하고 존재도 확보됩니다. 우리는 또 사람들과 인간관계에 집착하기도 합니다. 너무 집착하다 보면 좋아하거나 사랑하는 사람들이나 인간관계에서 피난처를 찾게 됩니다. 최근 내 친구 하나가 말하더군요. 25년 된 어떤 사람과의 관계가 갑자기 뜻하지 않게 끝나 버려서 어찌할 바를 모르겠다고요. 그 친구에게 난 말했습니다. 언젠가 가까운 시일 내에, 아마 10년 안에 아니 어쩌면 그보다 더 일찍, 지금은 너무나 견디기 힘든 이 모든 경험이 단지 하나의 기억이 돼 버릴 거라고요. "언젠가 넌 사람들에게 '10년 전엔 어찌할 바를 몰랐지.'라고 말하며 웃고 춤출 거야."

때로 우리는 사람, 관계, 물건에 매우 집착하는데 그건 대상이 대단해서도 아니고 놀라워서도 아니고 에고와 그것들을 동일시하기 때문입니다. 에고는 이런 것들이 안전함, 편리함, 확실성을 보장해 준다고 느낍니다. 그러면 우리는 불건전한 집착, 고착, 강박 상태에 빠져 허우적댑니다. 꼭 사람에게만 집착하는 것이 아니라 무엇에든 집착할 수 있습니다. 불건전한 집착은 비논리적이고 비합리적인 경우가 많습니다. 하지만 우리는 그런 집착을 인정하지 않습니다. 보통 우리가 무엇에 집착해 그것만 생각하고 있을 때는 그 집착이 매우 합리적이고 논리적인 것이라고 전 존재로 느낍니다.

예컨대 어떤 사람이 자기 스마트폰에 집착하고 있다고 합시다. 그는 스마트폰이 우주에서 가장 놀라운 물건이라고 생각합니다. 스마트폰 없이는 살 수 없다고 믿습니다. 스마트폰이 없으면 삶이 공허할 것입니다.

또 어떤 사람이 자기와 관련된 누구에게 집착한다고 상상해 보십시오. 그는 이 사람이 자기만을 위해 하늘에서 내려준 사람이라고 느낄 수도 있습니다. 그 사람은 오직 그에게 편의를 제공해 주고 그를 사랑해 주기 위해서만 이 세상에 온 것입니다. 그 사람 없이는 못 산다고 믿게 됩니다. 이걸 온 마음을 기울여 믿다 보면, 깊이 고착된 경향성과 패턴에 완전히 지배 받게 됩니다. 이 체험이 비논리적이라는 걸 본인이 모를 뿐입니다. 이 모든 것은 자기가 이 세상 모든 사람과 모든 것과 따로 떨어져 있다고 생각하는 에고와 관련됩니다.

한편, 에고는 우리에게 위험하고 해로운 것들이 있다는 걸 인식합니다. 그런 것들은 우리에게 도전이 되고 우리가 악하다는 느낌이 들게 합니다. 그러면 이러한 것들, 사람들, 상황들이 어느 정도 혐오나 분노, 미움을 불러일으키는 겁니다. 우리는 어떤 사람들이 위험하다거나 사랑스럽지 못하다고 생각할 수 있습니다. 그런 사람들을 보면 불행하거나 배척받는 느낌이 들 수도 있습니다. 이런 생각이 불합리한 것임을 모르면 우리는 그 생각에 몰두하게 되고, 그런 것들로부터 나오는 것은 폭력입니다. 위험하고 해로운 상황이 따로 있다는 말이 아닙니다. 물론 이런 위험한 상황은 조심하고 피해야겠지요. 하지만 때로 우리는 도에 지나친 행동을 하여 어떤 사람이나 집단을 돌보지 않을 비논리적 이유를 만들어 냅니다. 이런 상황들은 자신의 고통, 즉 그들과는 무관한 고통을 감추고 분식하는 것과 상관이 있습니다.

최근에 내 친구 중 하나가 놀라운 통찰을 나눠 주었습니다. 그녀는 우리의 정신적 공동체에서 자원봉사하는 것이 좋다고 했습니다. 그녀는 말했습니다.

"난 행복하고 이 일로 마음이 고취되고 설레요. 내가 뭔가 의미 있는 일을 하고 있는 것 같고, 이 공동체의 놀라운 사람들과 늘 얘기하고 싶어요. 그들은 너무나 정답고 재미있어요. 하지만 난 대부분의 시간에 우리 엄마와는 얘기하고 싶지 않고 시간을 함께 보내고 싶지도 않아요."

그녀는 자기 엄마와 말하고 싶다는 마음도 이와 같이 들었으면 좋겠다고 했습니다. 정신적 공동체에서 시간을 보내고 싶은 만큼 자기 엄마와도 시간을 보내고 싶다는 마음이 들었으면 좋겠다고 합니다. 이는 정말로 깊은 깨달음입니다.

티베트 문화에서는 부모를 공경하고 부모와 불화 없이 잘 지낸다는 것이 삶에서 가장 중요한 의무입니다. 어떻게 부모와 잘 지낼지 그 방법을 알아내야만 합니다. 그러지 못하면 자신과도 그 누구와도 잘 지내는 법을 알 수 없을 테니까요. 티베트 사람들은 일단 부모님이 살아 계실 때 그분들과 잘 지낸다는 느낌이 들면 도덕적인 만족감을 느끼는 경향이 있습니다. 부모님은 우리가 받아들임, 용서, 조건 없는 사랑을 실천할 수 있는 첫 번째 대상입니다. 우리는 부모님을 사랑하는 법을 배우고 그분들을 도와드리면서 기쁨을 얻을 수 있습니다. 어쨌든 이 사람이 한 말은 아주 통찰력 있으면서도 깊은 감동을 주고 심오한 말이었습니다.

기본적으로 그녀는 "내겐 선호하는 순서가 있어."라고 말했습니다. 그녀는 "선호"란 단어를 썼습니다. 우리 모두에겐 선호하는 순서가 있지만, 대부분의 경우는 그걸 알아채지 못합니다. 그걸 일컬어 "선호의 악마"라 합시다. 우리 모두에겐 선호의 악마가 있고 내면을 깊이 들여다보면 그걸 인정할 수밖에 없습니다. 그러면 우리는 사람들이 합리적인지 아닌지, 우리와 남들에게 도움이 되는지 해가 되는지를 선택할 수 있습니다. 이렇게 통찰력 있는 검토를 해보지 않으면 이 선호의 악마가 의식을 지배하여, 자애의 마음을 내고 연민을 실천하고 다른 존재 하나하나와 연결감, 유대감을 느끼는 능력을 제한할 수 있습니다.

내가 항상 즐겨 인용하는 사람 중 하나가 앨버트 아인슈타인입니다. 그는 이런 글을 썼습니다.

인간 한 사람, 한 사람은 우리가 우주라 부르는 전체의 일부분이며, 시공간적으로 제한된 일부분이다. 인간은 자아를, 자기 생각과 느낌을 나머지와 분리된 특별한 것으로, 즉 의식의 시각적 망상으로 경험한다. 이러한 망상은 감옥과 같아서 개인적으로 바라는 대상으로, 또 우리와 아주 가까운 몇몇 사람에 대한 애정으로 우리를 한정짓는다. 우리가 할 일은, 자애와 연민의 고리를 넓혀 살아 있는 모든 것들과 아름다운 자연 전체를 포용함으로써 이 감옥에서 벗어나 자유로워지는 것이어야 한다.

아인슈타인은 인생의 목표가 자애와 연민의 고리를 넓혀, 살아 있는 만물과 아름다운 자연 전체까지 포괄하는 것이라고 했습니다. 이제 우리는 인생의 목표가 뭔지 찾아내려고 노력하면서 긴장을 풀어도 됩니다. 아인슈타인은 인생의 목표를 찾아냈고 이미 목표가 뭔지 말했습니다. 그에게 인생의 목표란 모든 살아 있는 존재들을 향해 자애와 연민의 고리를 넓히는 일입니다. 보통은 사람들이 무슨 말을 하면 거기에 대한 질문이 따라야 합니다. 하지만 이 경우엔 앨버트 아인슈타인의 말을 믿어도 좋다고 나는 생각합니다.

우리가 선호의 악마에 지배 받는다면, 선호의 악마는 매우 강력한 걸림돌이 되어 우리가 다른 인간과 진심으로 연결을 키워 가는 것을 그리고 종국에는 인류 전체와 모든 살아 있는 존재와 연결되는 것을 방해할 것입니다. 또한 우리가 스스로를 알지 못하게 뒤로 잡아당길 것입니다. 가장 오래된 달인들은 말합니다. 정말로 자유로워지고 싶다면, 정말 진화하고 깨어나고 싶다면, 그 비밀은 자기 자신에 대한 앎을 얻는 것이라고요. 붓다도 이렇게 가르쳤습니다. 여기서 스스로를 안다는 것은 우리의 한계와 부정적 성향을 알아차린다는 것입니다. 우리의 그림자와 탐욕과 신경증을 아는 것입니다. 우리는 내면을 들여다보고 모두에게 이런 선호의 악마가 깃들여 있음을 인정하고 싶을 수도 있습니다. 그걸 인정한다는 것은 매우 강력하고 계몽적인 겁니다. 이걸 인정하지 않으면 깨어나고 진화하여 자애와 연민의 고리를 넓혀 가지 못하게 후퇴하는 셈입니다.

잘 보면 이 악마가 무의식적으로 마음속에서 작동하고 있는 것이 보일 겁니다. 예를 들어 파티나 다른 모임에 가서 우리는 특정 부류의 사람들과 다른 부류보다 더 많이 얘기하고 싶어 한다는 것을 알아챌 수 있을 겁니다. 어떤 사람들은 다른 사람들보다 훨씬 더 매력적이고 좋아할 만하고 흥미롭게 보입니다. 또 우리가 알게 모르게 특정 부류의 사람들을 피하고 있다는 걸 알아챌 수도 있습니다. 아마 그들이 어떤 알 수 없는 이유로 매력이 없고 재미없어 보이는지도 모릅니다. 남들을 재미도 매력도 없는 존재로 체험할 때 우리가 보통 체험하고 있는 것은 자신의 일부분일 뿐입니다. 우리는 자신의 일부를 남에게 덧씌우고 있습니다. 파티에 가거나 길거리를 걸어갈 때 우리는 때로 무의식적이라 해도 선호의 악마 때문에 어떤 사람들을 피한다는 걸 알아챕니다.

최근에 나는 "암묵적 편견"이라는 주제에 관한 매우 흥미로운 프로그램을 듣게 되었습니다. 이런 표현은 전에 들어 본 적이 없었지만, 그 프로그램의 기획자가 설명을 하자, 난 이것이 우리 모두의 특징 중 하나임을 인정하지 않을 수 없었습니다. 무의식적으로나 의식의 밑바닥에서 우리 모두는 피부색, 인종, 성, 사회 계급에 따라 남을 판단하려는, 깊이 자리잡은 경향성이 있다고 그녀는 말했습니다. 이런 편견에는 아무런 내재적 진실이 담겨 있지 않습니다. 이런 편견은 사실 망상, '근본 무명'의 표현입니다. 진실에 기반을 두고 있지 않습니다. 단지 망상의 표현일 따름입니다. 그것을 '이원론'이라고 부릅니다.

이름난 11세기의 요가 수행자 마찍 랍된같이 비범한 옛 신비주의자는 일부러 거지들과 나병 환자들과 많은 시간을 보냈습니다. 그녀의 수행은 마음속에 있는 선호의 악마를 인정하고 그걸 극복하는 것이었습니다. 그녀는 나와서 사람들을 찾아다니고 거지처럼 가진 것 없는 사람들과 시간을 보냈습니다. 심지어 인간 공동체에서 쫓겨난 나병 환자들과도 함께 어울렸습니다. 그때 이런 일을 한다는 것은 이타성에서 나온, 믿기 힘든 행위입니다.

나는 우리 모두에게 말합니다. 내면으로 들어가 용감해지라고요. 이 선호의 악마를 포용하길 두려워 마십시오. 우리에게 이런 악마가 있다는 것을 인정하고, 있는 그대로 받아들이십시오. 선호의 악마는 강력한 장애물입니다. 우리가 해야 할 일은 그것을 알아차리는 겁니다. 일단 알아차리면 가슴이 걸으라는 길을 걸을 수 있습니다. 어쩌면 우리의 수행은 딱히 얘기를 나누고 싶지 않은 사람과 더불어 얘기하거나 시간을 보내는 것일지도 모릅니다. 우리와 다른 누군가에게 친절한 편지를 보낼 수도 있습니다. 우리는 '보리심' 즉 깨어난 가슴의 길을 걸을 수 있습니다. 그러면 정말 자애와 연민의 고리를 넓혀 모든 생물과 아름다운 자연까지 포괄하는 셈입니다. 그러면 앨버트 아인슈타인의 말마따나 인생의 진정한 목표를 성취하는 셈입니다.

6

등불이
되십시오

세상에 가장 잘 공헌하는 것은 사실 내면으로 들어가 알아차림 수행을 하는 것일 겁니다.
그러면 존재의 중심을 찾을 수 있고 우리와 남들 모두 안에
본래 순수함이 있다는 사실을 기억할 수 있습니다.

우리 모두에겐 원초적 순수함이 있다고 여러 전통에
서 가르칩니다. 이 원초적 순수함, 기본적인 선함은 우리의 본성이
기도 합니다. 그건 물리적 차원이 아닙니다. 그 안에는 심오한 영
역이 있습니다. 그로부터 우리는 자애, 연민, 용기, 지혜의 물길을
틀 수 있습니다.

인간에겐 누구나 용기의 이러한 무한한 원천이 있지만 이 세상
많은 사람들이 자애와 연민의 표본으로 살고 있지 못하다는 것도

맞는 얘기입니다. 이 세상에는 많은 미움과 공격이 있고, 불행히도 거의 모든 문화가 그러합니다.

불교 전통에서는 '클레샤'⁵⁾라는 말을 씁니다. 이 말은 글자 그대로 하면 '내적 갈등'이라는 뜻입니다. 종종 우리의 참본성을 가리는 이 강력한 힘들을 이렇게 부릅니다. 이 힘, 이 에너지는 심리 현상일 수도 있고 업으로 인한 현상일 수도 있습니다. 이 부정적 힘은 우리의 참본성을 가릴 뿐만 아니라 진화하고 변모하지 못하게 막는 강력한 걸림돌이 되기도 합니다. 그 힘은 우리의 신경증적 성향까지 포괄합니다. 그 힘이 본래 그 자체로서 나쁜 것은 아니지만 우리의 참본성을, 원초적 순수성을 꽉 막을 수 있습니다. 특히 우리가 그 힘을 알아차리지 못할 때는 더욱 그러합니다. 이 장애는 대부분 잠재해 있지만, 불안한 사건이 일어나거나 어떤 도전이 주어지면 촉발되거나 활성화될 수 있습니다. 그런 강력한 장애 혹은 부정적 감정은 우리 한 사람, 한 사람 안에 이미 잠재해 있습니다. 보통은 남이 우리를 걱정스럽게 화나게 혹은 두렵게 한다고 생각하지만, 분노나 두려움, 걱정 같은 것은 이미 우리 각자 안에 있다가

---

5) '번뇌'는 빨리어로 '낄레사', 산스크리트로는 '클레샤'이다.

상황에 의해 촉발되고 표면에 떠오르는 것입니다.

　삶은 언제나 춤추고 있습니다. 삶은 워낙 그러합니다. 삶은 우리가 통제할 수 없는 것이고, 사물의 거대한 체계에 영향을 주기엔 우리 힘이 너무 약할 뿐입니다. 때로 삶은 우리 마음에 드는 방식으로 춤추기도 하고, 때로는 우리 욕망과 선호, 열망에 어긋나는 방식으로 춤추기도 합니다. 하지만 이런 신경증적 성향은 우리 안에 이미 잠재해 있었다는 걸 기억해야 합니다. 결국 아무도 우리를 두렵게 만드는 사람은 없습니다. 그저 외부적 사건들이 때때로 도전처럼 다가와, 이미 갖고 있던 성향과 습관적 패턴을 촉발하는 것뿐입니다.

　삶의 어떤 시기에는, 벌어지는 사건들이 영 마음에 맞지 않습니다. 이런 일은 우리가 원하는 것보다 더 자주 일어납니다. 그런 사건은 우리의 개인 삶에서도 일어나지만 세계적 사건이라든가 정치적 사건처럼 좀 더 넓은 맥락에서도 일어납니다. 이 사실만 기억해도 마음이 훨씬 편해질 것입니다. 이 생각은 얼핏 간단한 것 같지만, 막상 일상생활에 또 온갖 종류의 도전에 적용하기는 어려울지도 모릅니다. 싸우든가 지나쳐 버리든가 둘 중 하나를 택하는 반응에 즉각 돌입하곤 하는 우리 뇌에, 이는 자연스럽지 못할지도 모릅니다. 우리 인간의 뇌는 짐승의 뇌와 비슷하여 언제나 위험에 처하게 할지도 모를 잠재적 위협이 혹시 없는지 찾고 있습니다. 살아남기 위한 지성으로서 이 신경학적 기능이 쓸모 있을 수는 있습니다. 이 험한 세상에 맞선 우리 인간에게 그런 지성이 없었다면 연약한 종으로 생존 경쟁에서 살아남지 못했을지도 모릅니다. 문제는, 싸우느냐 지나쳐 버리느냐 하는 대결이 끝나고 나면 우리는 사물의 현 상태에 지나치게 반응한다는 겁니다. 뇌에서 나오는 행동을 되감아 다시 하려면 시간과 노력이 듭니다. 마음의 습관을 바꾸려면 부지런하고 한결같아야 합니다. 마치 이[齒]를 항상 건강하게 유지하려는 노력과도 같습니다. 가끔씩 칫솔질만 하는 걸로는 안 되지요.

우리 대부분은 정치적 사건, 사회적 이슈들, 세계적인 일들을 일일이 따라잡고 있진 않습니다. 보통 자신의 개인적 삶에 지극히 몰두해 있습니다. 신경증적 성향을 촉발하는 도전들은 대부분 건강이나 재정 상황이나 사랑하는 사람의 상실과 관련이 있습니다. 하지만 정기적으로 영향을 주는 외적 사건들이 있어서 우리는 이런 상황이 닥치면 매우 흥분하거나 뼛속까지 도전 받은 상태가 됩니다.

우리는 인류 역사상 매우 흥미로운 시점에 살고 있습니다. 더 이상 작은 거품을 만들어 그 속에서만 혼자 살 수는 없습니다. 세상에서 일어나는 굵직굵직한 사건에 대한 알아차림을 차단할 수가

등불이 되십시오

없습니다. 더 이상 자기 이익에만 매몰된 섬일 수 없습니다. 이 세상은 더 좁아졌고, 우리 모두는 이 세상에서 다른 사람과 서로 연결되어 있습니다. 나라들과 종족들이 어느 때보다도 서로 얽혀 있습니다. 미래도 이어져 있습니다.

때때로 우리는 자신의 민족과 나라에 좋은 생각과 희망을 갖습니다. 자신의 민족이나 나라에 대해 순진무구한 환상 속에서, 기대 속에서 살 수도 있었을 겁니다. 그러다가 무슨 일이 일어나고, 어떤 사건이 터집니다. 그러면 충격을 받아 우리나라가 그동안 우리가 생각했던 나라가 아니라는 걸 깨달을 수도 있습니다. 우리나라는 생각했던 것처럼 이타적이고 명예로운 나라가 아닐 수도 있습니다. 우리나라는 우리의 미래와 세계의 미래를 위해 최선이라 믿은 방향으로 가고 있지 않을 수도 있습니다. 진화 대신 권력 이양만이 있다는 걸 깨닫게 되기도 합니다. 이럴 때야말로 세상이 우리의 높은 이상과 원칙에 맞게 변하길 바랄 것이 아니라 내면으로 들어가서 변화의 원천이 되려고 노력해야 합니다.

우리가 할 수 있는 일 한 가지는 반응이라는 오래된 덫에 걸리지 않는 것입니다. 보통 도전이 있을 때 반응하게 됩니다. 반응은 자동적입니다. 반응은 평정심이나 연민에서 나오지 않습니다. 반응에는 인간 조건에 대한 이해가 들어 있지 않습니다. 반응에는 보통 판단, 분노, 미움까지 들어 있습니다. 반응은 부조화의 원천이 될 수도 있습니다. 인간 가족이 갈라지는 데는 이 부조화가 한몫을 합니다. 부조화는 공격으로 변할 수 있고 갈등과 폭력, 전쟁으로까지 비화할 수 있습니다. 변화가 필요할 때는 우리 모두가 변할 수 있고 의식을 비추는 등불이 될 때이고, 등불이 된다는 건 언젠가는 세상을 비출 거라는 얘깁니다.

인류가 이 오래된 반응의 습관을 계속하는 한, 부정적인 일들은 영원히 지속됩니다. 알아차리지 못함이 먹이를 공급하므로 부정적인 일들은 저절로 없어지지 않습니다. 부정적인 일들은 정신적 개체들이고 형태도 모양도 없긴 하지만 강력한 힘입니다.

예를 들어 화가 나고 두렵고 걱정이 될 때 이런 느낌은 거의 물리적인 힘을 행사합니다. 그 힘들은 우리를 꽉 움켜잡고 우리와 함께 발휘될 수도 있습니다. 우리 모두가 그 힘을 알아차리지 못하는 한, 그 힘들은 언제까지나 그러려고만 합니다. 알아차리지 못한 상태에서도 이 부정적 느낌들은 느낍니다. 하지만 설령 아무것도 거기에 먹이를 주지 않는다 해도 그런 느낌은 때에 따라서는 녹아 사라집니다. 그래서 옛 스승들은 모두 말한 것입니다. 이 세상 인간 투쟁의 근원은 알아차리지 못함, 즉 '아비디야'라고요.

지금 당장 이 세상에 마음에 안 드는 일들이 일어나고 있습니다.

그 일들은 분리와 공격과 미움의 원인이 됩니다. 이런 일들이 어떤 인간은 본래 흠결이 있어 선하지 못하다는 표시인 것은 아닙니다. 인간을 선한 사람과 악한 사람으로 나눌 수 있다는 뜻도 아닙니다. '우리'는 깨달은 사람들이고 '그들'은 그리 깨닫지 못한 사람들이며 우리는 진화한 사람들이고 그들은 별로 진화하지 못한 사람들이라는 뜻도 아닙니다. 이런 사건과 이런 일 전부는 이 세상에 알아차리지 못함이 너무 많다는 사실을 반영할 뿐입니다. 이런 일은 어디에나 있고, 비단 이 나라에만 있는 게 아닙니다. 이런 일은 어디에나 있습니다. 우리는 가슴을 열고 우리와 정반대인 견해를 가진 사람들까지 모든 이를 포용해야 합니다. 모두가 이 알아차리지 못함의 지배하에 있다는 걸 알아야 합니다. 알아차리지 못함은 우리 각자 안에 존재하지만 사람마다 다른 방식으로 나타납니다.

당장 두려움은 매우 힘이 셉니다. 두려움이 있으면 미움이 있습니다. 미움은 독성이 매우 많이 있습니다. 인간으로서 가장 먼저 해야 할 일은 내면으로 들어가 습관이 된 부정적 패턴들을 인지하는 것입니다. 이런 부정적 패턴들을 무엇이 촉발하는지 인지해야 합니다. 이렇게 인지하지 않으면 마음속에 진정한 변화는 없을 것입니다. 우리가 진정 변하기 시작하지 않으면 세상은 변할 수 없습니다. 일단 그런 인지, 그런 자신에 대한 앎이 있다면 선택이 있습니다. 도전이 되는 상황에 지금과 달리 반응할 수 있습니다. 인생에는 끊임없는 도전이 있습니다. 우리의 신경증적 성향을 촉발할 촉매는 끝없이 제공됩니다. 아주 작은 일로도 우린 얼마든지 균형을 잃고 비틀거릴 수 있습니다.

작은 일로 촉발되는 우리의 성향 때문에 운전하다 화를 버럭 내는 것입니다. 운전하다 화가 나서 일으킨 사건을 보도한 신문기사 제목을 여러분도 읽었을 겁니다. A라는 사람이 차를 몰다 B라는 사람을 추월해 갔더니 B라는 사람이 너무 화가 나서 A에게 총을 쏘았다는 겁니다. 정말 이해가 안 가는 일이지만, 이런 일이 실제로 일어납니다. 아무것도 아닌 일이, 거의 무의미하기까지 한 일이 이렇게 화를 불러일으켜 우리는 연민과 생명에 대한 경외심을 잃게 됩니다. 그 사람과 그 가족에게 어떤 결과가 올지 생각도 안 하고 다른 사람을 해치기까지 하는 건 말도 안 되는 짓 같습니다. 단순한 일이 연쇄 반응을 일으켜 엄청난 비극에 이르는 강력한 예가 바로 이런 것입니다.

이런 일은 개인의 삶에서 작은 사건으로도 일어났지만 전 세계 차원의 큰 사건으로도 벌어질 수 있습니다. 과정은 똑같습니다. 하지만 사실 우리는 운전하다 화가 나서 그런 행동을 한 사람과 그리

다르지 않습니다. 그 사람은 우리 중 한 사람입니다. 우리는 여러 방식으로, 알아차리지 못한 상태에 빠집니다. 채 알기도 전에 판단과 분노부터 하며 반응합니다. 무기만 안 뺴들었지 종종 난폭하고 파괴적인 방식으로 반응하는 겁니다.

많은 현자들이 "존재의 중심"을 얘기합니다. 여기는 우리가 누구나 가서 자신을 내려놓을 수 있는 장소입니다. 존재의 중심이란 태풍의 눈과도 같습니다. 주변이나 내면이 아무리 혼란스럽고 광기가 넘쳐도 이곳은 진정한 성소이며 피난처입니다. 이곳에서 우리는 자신의 가장 좋은 부분과 만날 수 있습니다. 이곳에 있으면 흔들리지 않고 도전 받지도 않고 안팎의 혼돈으로 왔다 갔다 하지도 않습니다. 존재의 중심은 우리가 연민과 용기로 느끼고 행동할 수 있는 곳입니다. 명상 등 불교 전통의 많은 수행이 그런 장소를 찾게 하는 도구로서 고안된 것입니다. 일단 그 장소를 어떻게 찾는지 알게 되면, 놀라운 고요함을 체험할 수 있습니다. 그로부터 반응보다는 행동을 택하는 능력이 생깁니다. 덜 반응할수록 부정적 성향은 의식 속에서 별 볼 일 없어집니다. 우리는 놀라운 변모를 체험하기도 합니다. 불교에는 이른바 '녹여 없앰'이라는 것이 있습니다. 이런 부정적 성향이 스르르 녹아 없어진다는 뜻입니다. 알아차림의 길을 걷겠다는 서원을 하면 이러한 놀라운 변모를 보게 될 것입니

지금 이 순간 자비롭게 살아가기

다. 두려움, 미움, 수치심, 죄의식 그리고 매사에 그때그때 반응하는 성향 모두가 없어지기 시작합니다. 그런 성향들은 스르르 녹아 없어지는 겁니다. 내적인 변모란 이와 같습니다.

이런 변모는 하루아침에 일어나지 않으며, 아름답고 마술적인 방식으로 일어나지도 않습니다. 변모는 차츰 일어나며 우리가 습관적으로, 부정적으로 반응하기보다는 행동을 택하기 때문에 일어납니다.

세상에 가장 잘 공헌하는 것은 사실 내면으로 들어가 알아차림 수행을 하는 것일 겁니다. 그러면 존재의 중심을 찾을 수 있고 우리와 남들 모두 안에 본래 순수함이 있다는 사실을 기억할 수 있습니다.

우리는 모두 본래 선한 사람들입니다. 이 자리에서 행동한다면, 우리의 행동은 지금 직면한 모든 도전에 대해 진정한 공헌이 될 수 있습니다. 개인적으로 자아 실현이 되는 방식으로 행동할 수 있고 이 세상에 도움이 되게 행동할 수도 있습니다. 세상에 도움이 되는 방식이란 모든 이들의 고통을 덜어 주는 방식입니다. 우리가 보고 싶은 세상, 우리 아이들과 세상 모든 아이들이 살 수 있는 세상을 만들기 시작할 수 있습니다. 이는 노력해 볼 만한 목표입니다.

7

아름다움 속에서
걷기

만물이 거룩하다는 것을 끊임없이 기억하겠다고 약속하거나 서원을 세울 수 있습니다.
세상은 거룩합니다.

아마 우리가 전 세계적으로나 개인적으로 매일 부딪
치는 문제들 중 많은 것이 거룩함과 단절되어서 생기는 일일 겁니
다. 거룩함을 체험하는 것은 지금 이 세상에서 우리에게 가장 부
족한 핵심입니다.

　가슴을 열면 깨어나 이런 체험을 할 수 있습니다. 가슴을 열면,
거룩함은 누구나 맛볼 수 있고 느낄 수 있습니다. 거룩함의 체험은
생각이나 개념이 아닙니다. 비의적인 믿음만도 아닙니다. 물론 거

룩함의 체험이 개념이나 믿음으로 변할 수도 있습니다. 이런 일이 일어나면, 우리는 매우 소중하고 꼭 있어야 할 그 무엇과 단절되어 삽니다. 그러면 많은 문제가 생깁니다. 주변에 있고 우리를 먹여 살리는 환경인 자연이 희귀하고 소중하다는 것을 자칫 잊어버릴 수 있습니다. 자연이 거룩하다는 것을 잊고 자신도 거룩하다는 것을 잊을 수 있습니다. 인간은 누구나 거룩합니다. 인류가 갑자기 깨어나 서로가 귀하다는 걸 알고 그에 마땅한 자세로 서로를 대한다면 얼마나 놀라운 일일지 상상이 되십니까? 그렇게만 된다면 우리는 지금과 매우 다른, 훨씬 자애롭고 평화롭고 즐거운 세상에서 살게 될 것입니다.

모든 인간이 거룩하다는 것을 기억하지 못한 결과, 서로에 대한 질투, 판단, 경쟁, 공격을 더해만 갑니다. 그다음은 폭력과 전쟁입니다. 개인 수준에서는 고독, 우울, 분노를 체험하게 됩니다. 하지만 여기 대안이 하나 있습니다. 자신과 남들의 참본성을 기억하게 되면 마음의 고통—자기혐오, 자기 판단, 자기비판 등—을 놓고 자기와 남들에 대해 진정하고 자아 없는 사랑을 체험할 수 있다는 것입니다. 그 사랑은 우리의 상처를 모두 치유할 수 있습니다.

세상이 어떻게 될지 상상해 보십시오. 우리는 지금보다 훨씬 많이 알아차릴 것입니다. 심지어 자연계와 연결되는 좀 더 사려 깊은 방법을 개발할 수도 있을 것입니다. 자연계를 우리가 누릴 무한한 원천으로 여기고 마음대로 편의와 돈벌이에 쓴 결과를 오늘날 우리는 눈앞에 보고 있습니다. 자연계를 마음대로 파괴하여 우리는 지금 막대한 대가를 치르고 있습니다. 미래 세대들까지 망치고 있습니다. 자연에 해가 되는, 우리가 하는 모든 일은 이 세상이 본래 거룩하다는 걸 기억하지 못해서 저지르는 것입니다.

반면 많은 아메리칸 인디언 전통에서도 자연의 모든 것이 거룩하다는 견해를 갖고 있습니다. 먹으려고 짐승의 목숨을 뺏을 때 그들은 그 짐승에게 경의를 표하고 짐승들이 사람의 목숨을 지탱해 주기 위해 자기 목숨을 내어준 것에 감사하는 의례를 행합니다. 마찬가지로 티베트 사람들도, 잡아먹기 위해 짐승의 목숨을 빼앗기 전에 기도를 합니다. 고기를 입에 대기 전에는 그 짐승을 위한 기도를 올립니다. 기본적으로 티베트인들은 짐승도 사람과 마찬가지로 중요하고 소중하다는 걸 알고 있습니다. 현대 세계에서는 짐승을 생명 없는 물건처럼 거대한 공장에서 대량 사육하기 때문에 사람이나 짐승이나 다를 바 없다는 것을 잊어버렸습니다. 인간으로서 우리는 짐승 한 마리, 한 마리가 소중하고 살아 있으며 행복을 원한다는 것을 잊어버린 듯합니다. 우리는 짐승 한 마리, 한 마리가 살고 싶어 하며 거친 취급을 당하면 공포와 두려움을 느낄 수 있다는 걸 잊어버립니다. 아마 생명을 존중하면서도 천연자원을 사용하고 식품의 원천을 얻어 내는 방법이 있을 것입니다.

인간으로서 우리는 모든 살아 있는 존재가 거룩하다는 사실을 종종 잊을 뿐 아니라 우리 자신의 존재가 거룩하다는 것도 잊어버리고 인정하지 않습니다. 역사를 통틀어 우리 인간들은 모두가 똑같이 신성한 본성을 지녔다는 점에서 모든 인간 집단이 그리고 남성과 여성, 모든 인종이 똑같고 동등하다는 것을 자꾸만 잊어버립니다. 모두를 존중하는 마음을 갖고 존엄성 있게 다루어야 합니다. 만물이 거룩하다는 것을 끊임없이 기억하겠다고 약속하거나 서원을 세울 수 있습니다. 세상은 거룩합니다. 살아 있는 모든 존재, 여러분이 만나는 인간 각자가 다 거룩합니다. 모두 다 행복하고자 하며 모두 다 행복할 기회를 누릴 만합니다. 모든 사람과 모든 것은 똑같이 거룩합니다. 거룩함에 위계는 없습니다. 더 거룩한 사람과 덜 거룩한 사람은 없습니다. 이는 기억해야 할 요점입니다.

거룩함의 참의미는 누군가에게 혹은 무언가에 대해 온 마음으로 존중과 경의를 느끼며 그걸 객관화할 의도를 더 이상 품지 않는 주관적 체험입니다. 오늘날 많은 사람들이 거룩함이라는 개념을 종교적 감정일 뿐이라고 오해하며 회피합니다. 이런 오해에는 두 가지 근원이 있습니다. 하나는 조직적인 여러 종교가 '거룩함'을 마치

전유물처럼 주장하니, 그 서슬에 사람들은 어떤 종교 분파의 신자여야만 거룩함에 이를 수 있다고 믿는다는 것입니다.

또 하나는, 성聖과 속俗이 본래 둘로 나뉘는 바람에 세속적이라는 사람들이 이른바 거룩한 것에 마음을 닫고, 종교적 교리를 배척한다면 마음속에서 일어나는 이 정신적이고 심오한 체험도 차단해야 할 것처럼 느낄 거라는 점입니다.

티베트에서 자라난 나는 사람들이 절에 가서 불보살상 앞에서 절하는 문화에서 성장했습니다. 부잣집이든 가난한 집이든 집집마다 불상을 모신 공간이 있어 불보살상 앞에 촛불을 밝히고 향을 사르고 공양 음식을 바칩니다. 그 사원과 불보살상들은 거룩하게 느껴지지만, 불교는 사실 신을 받드는 종교가 아니고 우상 숭배를 가르치지 않습니다. 하지만 절을 하고 공경하는 행위는 거룩함을 느끼는 방법을 가르칩니다. 거룩함의 체험이 불상 앞에서만이 아니라 자연계와 거기 사는 모든 존재를 포함한 만물로 확장되어야 한다는 것이 핵심입니다. 거룩함이란 우리 생각보다 훨씬 단순한 것이어서, 무얼 존중하고 포용하는 것이지 객관화하는 것이 아닙니다.

객관화는 아마도 가장 오래된 인간 습관 중 하나일 것입니다. 우리는 종종 사람들을 객관화하는데, 이는 매우 파괴적인 일입니다. 객관화한다는 것은 상대를 그저 대상의 차원으로 격하시킨다는 뜻

지금 이 순간 자비롭게 살아가기

입니다. 사람이나 사물 안에 깃들어 있는 가치나 살아 있는 현존을 부정한다는 것입니다. 우리는 사람들을 객관화하고 자연도 객관화합니다. 필요와 욕망을 채우기 위해 상대방을 착취합니다. 자연이 소중한 자원으로 보호하고 아껴야 할 대상이라기보다는 그저 사용할 대상이라고 생각합니다. 마찬가지로 우리는 서로를 객관화합니다. 우리가 대부분의 시간에 이런 짓을 하고 있다는 것을 깨달으면 상당히 충격적일 겁니다. 일부러 서로를 객관화하는 것이 아니라 알아차림이 부족해서 그렇습니다. 우리는 항상 모르고서 그렇게 합니다. 누군가를 우리와 다른 어떤 국적, 성별, 특별한 개인사를 지닌 사람으로 생각하는 순간 우리는 그 사람을 객관화하고 있는 겁니다. 기본적으로 우리는 누구나 똑같다는 것을 인정하지 않습니다. 우리는 서로서로 연관되어 있습니다. 우리는 인간이며 인간다움을 공유하고 있습니다.

'인간다움'이라고 말할 때 여기에 딱히 종교적인 의미는 없습니다. 하지만 인간다움 자체는 거룩합니다. 시간에 관계없이 거룩합니다. 모든 이에게서 인간다움을 인정할 수 있으면 우리는 각자마다 어느 정도 거룩함이 있다는 것을 볼 수 있습니다. 누군가가 우리에게 살다가 큰 고통을 초래한다거나 누군가가 도전적이라고 생각된다면 그 사람이 달갑지 않게 생각되게 마련입니다. 가끔은 그런 사람들에게 마음을 열고 인간다움을 인정하는 것을 잊어버립니다. 그런 사람에게서 인간다움을 보는 순간 우리는 포용하고 용서하고 사랑할 수 있습니다. 아무리 미운 원수라도 용서할 수 있습니다. 그러면 두려움, 불신, 적의 같은 것을 덜 느끼고 좀 더 연결되며 인간 형제자매라는 닳고 닳은 말이 생생한 체험이 될 것입니다. 그때까지 이 말은 아무 의미도 없는, 겉만 번지르르한 개념일 뿐입니다.

지난 1990년대에 우리 중 소집단이 미국 애리조나 주와 뉴멕시코 주로 순례를 가서 셸리계곡 같은 몇몇 명승지에서 캠핑을 했습니다. 그중 한 곳은 숨이 멎을 만큼 아름다운 곳이어서 그랜드 캐니언의 축소판이라 부를 만했습니다. 나바호 인디언 종족 출신의 한 여성이 가이드로 우리와 동행했습니다. 우리는 '초드'[6]라는—에고에 대한 집착을 잘라 낸다는 뜻을 가진— 티베트불교 수행을 했습니다. 여행 동안 매일 나는 그 집단을 상대로 법문을 했습니다. 가이드 여성이 가까운 곳에서 자기 할 일에 바쁘던 중 우연히 내 법문

---

6) chod, 번뇌와 업과 이상을 완전히 소멸하고 완전한 자비를 구현하는 지혜 성취를 추구하는 티베트불교 수행. 티베트어로 '자른다.'라는 뜻이며, 11~12세기 티베트 여성 수행자 마찍 랍된에 의해 완성된 수행법.

을 듣게 되었습니다. 한 번은 만물이 다 거룩하다는 딴뜨라 불교의 개념에 대해 얘기하는 중이었습니다. 끝날 무렵 그녀가 내게 다가오더니, 이런 생각이 인디언 전통에서 가르치는 이른바 '아름다움 속에서 걷기'와 비슷하다는 것이었습니다. 내가 알기로 '아름다움 속에서 걷기'란 세상사람들과 살아 있는 모든 것과 조화를 이룬다는 뜻입니다. 또한 이는 내적인 온전함, 우리가 더 이상 나뉘어 있지 않고 우주와 선한 관계를 맺는다는 뜻입니다. 만물이 거룩함을 보는 것은 그러한 선함을 체험할 수 있는 한 방법입니다.

앨버트 아인슈타인은 말했습니다. "인류에 대한 가장 중요한 질문은 '우주는 호의적인 곳인가?' 하는 것이다."

그날그날 살기 바쁘고 이런 일을 깊이 생각해 본 적 없는 사람에게는 이 질문이 매우 현실과 동떨어진 것으로 보일지도 모릅니다. 아인슈타인은 이 질문에 대해 그만의 결론을 내렸습니다. "그렇다. 우주는 호의적이고 우리는 주의와 기술을 발휘해 우주를 이해하려고 노력하고 만인을 위해 안전을 확립하려고 노력해야 한다."라는 것이 그의 결론이었습니다.

우주가 호의적인가 하는 이 질문은 누가 생각해도 중요한 질문입니다. 어떤 답이 나오든, 그 답은 우리 삶의 주관적 경험에 큰 영향을 미칩니다. 우리는 우주가 비우호적이라고 말할 수 있습니다. 모든 걸 집어삼키는 블랙홀과 초신성超新星이 있는 우주는 어떤 각도에서 보면 지극히 폭력적입니다. 별똥별의 영향으로 인한 멸종과 화산 폭발, 쓰나미, 지진, 이상 기온 등과 같은 전 지구적 재앙이 있습니다. 인간이 지구에서 살날이 가뜩이나 유한한데 그 수명도 질병과 투쟁, 개인 간의 갈등, 빈곤으로 인한 끝없는 고통, 전쟁, 기근 등으로 위협받고 있습니다.

또 다른 각도에서 보면 수천 가지 이유로 우주가 호의적인 곳이라고 느낄 수도 있습니다. 우리 뇌는 사물을 볼 때 좀 더 숙명론적인 시각에서 보도록 짜여 있는 것 같습니다. 우주가 비호의적이라고 생각하는 것은 개인에게도 세계 전체에도 부정적인 결과를 미친다고 아인슈타인은 지적했습니다. 유일하게 밀고 나갈 긍정적인 길은 우주가 호의적이라고 정해 놓는 것입니다. 우주와 지구에서의 삶이 둘 다 호의적이라고 정해 놓는 방법 중 하나는 모든 것이 거룩하다고 말하는 것입니다. 그와 반대로 정해 놓으면 파멸이 오든가 모든 게 무의미해질 것입니다.

딴뜨라 불교도들은 거룩한 관점이 얼마나 중요한지를 내내 알고 있었고 역사가 흐르는 내내 거룩함을 여러모로 시각화하거나 실제 수행에 적용해 왔습니다. 성차별이나 계급 제도에 반발할 때는 그들의 교리가 들먹여졌습니다. 여자가 남자와 똑같이 거룩하게 취급받지 않는 경우가 많았기에, 그들은 애초에 여자를 폄하하지 않겠다는 서원을 합니다. 긴 역사를 통틀어 딴뜨라 불교는 거룩한 관점을 가르쳐 왔습니다. 거룩한 관점이란 인종, 성별, 종족이 무엇이든 모든 이를 포괄하는 것입니다. 그냥 불교도들도 자연계를 볼때 거룩한 관점으로 봅니다. 불교도들에게는 나무, 산, 모든 요소가 거룩합니다. 딴뜨라 의례에서는 이를 실생활에 적용하기 위해 변 같은 이른바 부정不淨한 물질들을 싫어하는 마음을 갖고, 단지 개념 세계에서 살기 위해서만이 아니라 거룩한 관점을 직접 체험하기 위해 신성한 존재에게 바칩니다.

인류가 함께 모여 진정 거룩한 관점을 포용하게 되면 지금 겪는 말썽 중 많은 부분은 끝날 것입니다. 우리는 인종, 문화, 종교, 사회적 지위에 구애받지 않고 서로 존중할 수 있을 것이며 자연계도 착취하고 파괴시키는 대신에 잘 살리고 돌볼 수 있을 겁니다. 2016년에 켄터키 주 루이스빌에 있는 '종교간관계센터'라는 비영리 기구가 종교 간 모임을 후원한 적이 있습니다. 이 모임에는 세계 모든 주요 종교의 대표들이 참석했습니다. 저도 초청받아 연설을 했습니다. 거기 모인 모든 사람—이슬람교도들, 힌두교도들, 그리스도

교인들―사이에는 진정한 연대감이 있었습니다. 아름다운 경치 속에서 걷노라니 내 마음은 설레었고 즐거움을 느꼈습니다. 저녁 때 있었던 연주회 중 한 곳에서 켄터키 출신의 컨트리 밴드가 파키스탄에서 온 음악인들과 합류했고 그 결과는 유쾌한 것이었습니다. 그건 인류가 하나 되어 정말 아름다운 무언가를 만들어 내는, 생생한 은유와도 같았습니다.

　각자 서로의 거룩함을 인정하고 그래서 좀 더 행복한 인간이 되자고 우리 서로를 깨우칩시다.

8

겸손, 내려놓기,
헌신

기도는 다 내려놓고 가슴을 열고 우리의 인성,
에고보다 훨씬 큰 것을 믿는 행위입니다.

심오하고 아름다운 정신적 가르침이 아주 여럿 있는데, 이는 모두 인간 지혜의 표현입니다. 음악이 여러 종류, 꽃이 여러 종류 있는 것과 같습니다. 예를 들어 티베트 전통에서는 심오하고 아름다운 정신적 가르침들과 수행들을 만들어 냈습니다. 그중 하나는 특히 어떤 것의 맛이나 향을 언급하고 있으며, 티베트 표현으로는 "같은 향이나 같은 맛을 지녔다."라고 번역할 수 있습니다. 모든 경험이 '같은 향'을 지닌, 이런 방식으로 살아가는 방법을 배우는 것은 인생에서 가장 체험하고 깨닫기 어려운 일이지만, 그걸 깨달을 수만 있다면 참된 행복의 비결이자 시작이 될 것입니다. 참된 행복이란 외부적 상황에 달린 것이 아니니까요.

우리는 기쁨과 행복을 맛볼 때가 많지만 대부분 그런 느낌은 조건에 따릅니다. 그런 느낌이 원인과 외부적 조건에 달려 있다는 얘깁니다. 예를 들면 몇 분 전에 맛나고 달콤한 초콜릿이 있어서 행복했다고 칩시다. 잠시 행복하기 위해선 많은 것이 필요없습니다. 세븐일레븐 같은 편의점에 가서 매우 싼 물건을 사도 잠시 아주 행복할 수 있습니다. 이런 행복은 몇 분 갈 것입니다. 또 어떤 때는 삶에서 뭔가가 잘 풀리고 있다는 이 놀라운 이야기를 자신에게 들려주고 있어서 행복합니다. 이런 일은 안전하다고 느낄 때, 살면서 붙잡고 매달릴 것이 있을 때 자주 생깁니다. 생일에 멋진 카드를 받으면 얼마 동안 아주 행복합니다. 인생에 승진 같은 변화가 있을 때도 행복합니다. 하지만 이런 행복은 외부 상황에 바탕을 둔 것입니다. 외부 상황은 임시적이며 언제든 바뀔 수 있습니다. 보통, 상황의 결과로 오는 행복은 오래가지 않습니다.

몇 년 전 내 친구 한 사람이 "마음이 붕 뜬다moving up in the world." 라는 표현을 가르쳐 주었습니다. 새 진공청소기나 새 칫솔을 샀다 하여 '마음이 붕 뜬다.'라는 느낌을 가져 본 사람들은 많지 않을 겁

겸손, 내려놓기, 헌신

니다. 마음이 붕 뜬다면 몇 분 동안 거의 황홀경에 빠질 수 있습니다. 정말 운이 좋으면 반 시간 정도는 행복하겠죠. 명상이나 요가나 불교 명상을 하여 마음을 가라앉히고 기쁨과 안녕을 느끼는 데 도움을 받을 수도 있습니다. 이건 아주 좋은 일이고, 환영할 일이지만, 이런 수행을 한다고 궁극적으로 행복해지는 건 아닙니다. 내가 나고 자란 티베트 전통에는 이런 말이 있습니다. 정말 행복해질 수 있는 유일한 방법은 이 '같은 맛'을 체험하는 것이라고요. 이 말이 어떻게 들립니까? 만약 지금 식당에 간다면 이 말이 흥미롭게 들리지는 않을 겁니다. 식당에서 한 가지 맛만 경험하고 싶지는 않거든요.

이 '같은 맛(일미一味)'이라는 말은 물론 유추입니다. 우리 모두가 해 볼 수 있는 심오하고 비범한 체험을 묘사하는 유추입니다. 이건 더 이상 희망, 분노, 근심에 빠지지 않는 일종의 평정심을 체험하는 겁니다. 우리는 더 이상 삶의 상황에 반응하지 않습니다. 그저 목전에 펼쳐지는 것이 무엇이든 그걸 포용할 뿐입니다. 모든 상황에 똑같은 향, 똑같은 맛이 있는 것처럼 우리는 체험합니다. 마치 죽음의 맛도 태어남의 맛이나 다를 바 없다는 것을 체험하는 것과 같습니다. 가진 것을 잃는 맛도 이것저것 얻는 맛과 같은 것이나 마찬가지입니다. 이를 체험한다 함은 더 이상 좋고 싫음에 빠지지 않고 두려움과 기대의 덫에 빠지지 않는다는 뜻입니다.

티베트 전통에서는 이런 '같은 맛'이 절대적이고 조건 없는 행복의 유일한 비결이라고 합니다. 체험할 때까지는 무엇이 조건 없는 행복인지 모를 겁니다. 행복과 기쁨은 모두 이런 의식 상태에 들어가는 법을 알 때까지는 덧없고 가변적이고 가역적인 것입니다. 때로 우리는 이렇게 생각합니다. "오, 같은 맛이라는 이 도리를 알면 정말 멋질 텐데." 그리고 언젠가는 티베트 스승들이 말하는 '같은 맛'을 알게 되길 바라며 명상과 갖가지 기술을 실천하려 노력합니다.

많은 여러분도 알다시피, 개인적으로 나는 수십 년 간 수행의 길을 걸어왔습니다. 억지로는 해방될 수 없다는 사실을 개인적 체험으로 배웠습니다. 쉬운 일이 아닙니다. 그런데도 나는 이 분야의 달인이라기보다는 신입생 같은 느낌이 듭니다. 이건 평생을 바친 여행길로, 나는 거듭거듭 겸손해졌습니다. 여러분에게 필요한 것은 말하자면 내려놓기, 겸손, 헌신입니다. 열린 가슴, 에고나 인성보다 더 큰 것에 대해 열려 있는 가슴을 지녀야 합니다.

자아를 넘어 가슴을 연다는 말을 하니 얼마 전에 있었던 평범한 일이 떠오릅니다. 내가 이끌기로 한 집중 수행에 비행기를 타고 가는 중이었습니다. 나는 비행기 창문의 빛 가리개를 열고 놀라운 경치를 내다보았습니다. 비행기는 빽빽한 흰 구름층 위를 날고 있었고, 해는 그 아름다운 구름들 위로 반사되어 빛나고 있었습니다. 그건 영광스럽고 장엄한 광경이었고, 나는 뭉클한 감동을 받았습니다. 세상과 존재의 아름다움에 놀랍기도 하고 가슴이 열리는 헌신이 샘솟는 느낌이었습니다. 여성 붓다인 타라에 대해 강력한 헌신의 느낌도 들었습니다. 대승불교에서 타라 보살은 보편적 연민의 상징입니다. 타라는 밖에 있는 것이 아닙니다. 타라는 우리 모두의 마음속에 있습니다. 타라는 우리 존재의 핵심에 있는 보편적 연민의 상징입니다. 나는 믿을 수 없는 영감과 헌신을 느껴 티베트어로 신성한 것의 화신인 타라 보살에게 바치는 시랄까 찬가 한 편을 쓰기까지 했습니다. 돌아오는 길에 내가 쓴 시를 읽어 보니, 이것이 내 마음에서 우러난 진짜 음성이었음을 인정할 수 있었습니다. 내가 쓴 시에는 많은 승복이 있습니다. 기본적으로 이 찬가에서 나는 가끔 스스로 해방될 수는 없다는 것, 나 스스로 깨달을 수는 없다는 것을 인정했습니다. 나는 억지로 조건 없는 행복의 비결인 이 한 맛, 한 향을 체험할 수는 없습니다. 그래서 타라 보살에게 기도했습니다. 제발 내적 저항을 극복할 수 있게 도와달라고, 한 맛, 한 향을 아는 이 깨어난 마음을 체험할 수 있게 도와달라고 말입니다.

여러분 중 많은 사람이 살면서 기도를 할 것입니다. 꼭 종교적인 사람만 기도를 하는 것이 아닙니다. 기도는 모든 걸 내려놓고 에고보다, 개인적 의지보다 더 큰 것을 믿는 행위입니다. 티베트의 전례를 읽어 보면 그 전례들이 열망과 기도로 가득 차 있음을 알게 될 것입니다. "내가 이 같은 맛을 경험할 수 있기를." 이 같은 맛, 같은 향을 체험하지 않으려는 저항이 어떤지를 알아내기 위해서는 질문을 해야 할 수도 있습니다.

같은 맛[一味] 정신으로 살았던 티베트 요가 수행자 밀라레빠같이 비범한 신비주의자, 즉 '마하싯다'들이 많습니다. 마을 부근에서 명상하고 있던 어느 선사의 이런 이야기가 있습니다.

이 마을에서는 어느 젊은 여인이 젊은 남자와 통정하여 임신을 하고 아이를 낳았습니다. 하지만 혼외자를 둔다는 것은 이 문화에서는 수치스러운 일이어서 아이 아버지가 누군지를 정말 아무에게도 말할 수 없었습니다. 마침내 그녀는 스님이 아이 아버지라고 말했습니다. 그 스님은 만만한 목표였고, 아마 스님이 편하게 여겨졌던 모양입니다. 그녀의 가족과 온 마을 사람들이 스님에게 다가가서 말했습니다.

"당신은 고귀한 존재인 줄 알았더니 그렇지 않군요. 얘가 당신 아이라면서요."

스님은 굳이 논쟁하거나 자신의 무고함을 밝히려 하지 않았습니다. 그저 이렇게만 말할 뿐이었습니다.

"그래요?"

겸손, 내려놓기, 헌신

스님은 아이를 데려가, 놀랍고 친절하고 책임 있는 아버지가 되어 모든 시간과 노력을 들여 그 아이를 돌보았습니다. 몇 년이 흘러가고, 여인은 마침내 용기를 내어 진실을 털어놓았습니다. 아이 아버지는 다른 사람이라고 모든 이에게 말했습니다. 가족과 온 마을 사람들은 매우 흥분했습니다. 그들은 스님에게 가서 말했습니다.

"죄송합니다. 우리가 잘못했습니다. 이제 아이를 데려가겠습니다."

데려간다면 지금껏 아이를 돌봐 오고 아이와 점점 친해졌던 스님에겐 매우 고통스러운 일이 될 터입니다. 그래도 스님은 저항하지 않았습니다. 그저 이렇게만 말할 뿐이었습니다.

"그래요?"

이 유명한 일화가 지적하는 바는 모든 조건, 모든 상황이 다 마찬가지인, 해방된 의식의 비범한 내적 자유입니다. 우리는 더 이상 선호하는 바가 없습니다. 두려움도 기대도 없습니다.

이러한 내적 자유에 저항하는 것은 무엇일까요? 내면을 들여다보면 삶을 완전히 통제하겠다는, 깊이 자리잡은 욕망이 보입니다. 이처럼 깊은 충동이 우리 일상생활과 세상과의 관계를 지배하고 있습니다. 예컨대 오늘밤 여러분은 저녁으로 뭐든 해 먹을 수 있고 가게에 가면 이것저것 골라 살 수도 있습니다. 우리는 삶을 많이 통제하는 것같이 보일 수도 있습니다. 누구와 같이 있고 누구와 같이 있지 않을지도 선택할 수 있습니다. 무슨 옷을 입을지도 정할 수 있습니다. 계속 앉아 있거나 일어나서 도취한 듯 춤을 출 수도 있습니다. 하지만 결국 삶을 마음대로 하지 못합니다. 예를 들면 죽음을 마음대로 하지 못합니다. 우리 모두는 언젠가 죽을 겁니다. 언제 죽을지 모르지만 모두가 죽을 거라는 사실은 머릿속으로 알고 있습니다. 역사상 죽음을 피할 수 있었던 사람은 단 하나도 없습니다. 누구나 언젠가는 죽습니다. 오래 산다 해도 나이가 들 것입니다. 나이드는 것은 통제할 수 없습니다. 몸도 통제가 안 됩니다. 언제 병이 들지 모릅니다. 앞으로 몇 시간 동안 어떤 사건을 겪게 될지 모릅니다. 살다 보면 닥쳐 올 몇 시간 동안 어떤 일도 일어날 수 있습니다. 우리가 어떤 일도 절대적으로 통제할 수 없다는 걸 삶이 항상 깨우쳐 줍니다.

매일 아침 일어날 때마다, 삶을 절대적으로 통제할 수 없다는 사실을 스스로 환기하고 그럼에도 하루를 열린 가슴으로 맞아들이고 싶을 수도 있습니다. 무슨 일이 생길지 모른다 해도, 지금부터 하루 종일 열린 가슴과 용기로 맞아들일 거라고 스스로 환기시키고 싶을 수도 있습니다. 아름답고 기분 좋은 일을 만나든가 비극적인 일, 심지어 재앙까지도 겪을 수 있습니다. 우리는 어느 정도는 삶을 통제

겸손, 내려놓기, 헌신

할 수 있다는 환상 속에서 삽니다. 그리고 삶을 통제하지 못할 때는 근심과 분노를 느낍니다. 이런 일로 도전 받고 뿌리째 흔들립니다.

모두가 이따금씩 기도한다면 아주 좋을 겁니다. 기도는 아주 강력한 방법입니다. 내적으로 해방되는 방도입니다. 때로는 기도만이 마지막으로 기댈 곳입니다. 수행의 길을 걸어오면서 깨달으려고 노력해 왔다면 억지로 같은 맛을 체험할 수 없다는 걸 깨달을 때가 올 겁니다. 그때 기도는 우리가 마지막 기댈 곳입니다. 기도는 다 내려놓고 가슴을 열고 우리의 인성, 에고보다 훨씬 큰 것을 믿는 행위입니다.

기도하는 법을 아는 우리 모두에겐 깊은 충동이 있습니다. 꼭 전통적인 기도문을 외울 필요는 없습니다. 우리 모두는 자기만의 기도를 지어낼 수 있습니다. 우환이 있거나 혼란이 올 때 자연스럽게 기도를 시작해 본 경험이 있습니까? 아마 자기가 기도하고 있는 줄도 몰랐을 겁니다. 누구에게 기도하고 있는 건지도 몰랐을 겁니다. 신성하거나 거룩한 어떤 존재에게 기도하는 전통도 있고, 신이 없고 기도하되 특정 존재에게 기도하는 것이 아닌 전통도 있습니다. 의식 속에서 무엇과 씨름할 때는, 꼭 종교인이라거나 불교 신자여야 할 필요가 없다는 사실을 기억하면서 언제든 기도할 수 있습니다. 우주에게 "내가 두려움을 기꺼이 극복하기를" 부탁할 수도 있습니다. 아니면 원망하는 마음과 싸우고 있을 때 우주에게 이를 극복하게 도와달라고 기도할 수 있습니다. 우주에게 기도하는 것은 매우 안전한 일입니다. 우주에게 축복의 소나기를 내려달라고, 또 원망, 두려움, 분노 같은 내적 악마를 극복하게 도움을 달라고 부탁할 수도 있습니다.

기도하면, 여러분은 일체의 희망과 두려움을 내려놓는 느낌이 들 테고 스스로 삶을 통제할 수 없다는 사실을 받아들이지 않으려는 저항에서 놓여납니다. 참된 겸손을 느끼게 되고 그 안에서 더 이상 스스로 무거운 짐을 지려고 애쓰지 않고 삶 자체에 그 짐을 맡기게 됩니다. 이것이 여러분이 누릴 수 있는 최고의 자유라는 것을 인정하십시오. 매일같이 가능한 한 그 자유를 체현하려 해 보십시오. 여러분의 삶에는 그런 자유가 필요없다고 느껴지는 순간들도 있겠지만, 인간으로서 부침을 겪고 때로는 자유만이 유일한 피난처인 순간들도 있을 겁니다. 인간은 지극히 회복 탄력성이 많고 또 강합니다. 어떤 상황에서도 마음을 열고 내려놓을 수 있습니다. 그건 타고난 잠재력입니다. 그 힘을 발휘합시다.

9

단순한
진언

"이 또한 지나가리라."

존경받는 티베트 성인이었던 밀라레빠는 많은 시를
썼는데 그중에 이런 시가 있습니다.

그대 배가 부를 땐 제법 정신적인 사람처럼 행동하지만
불리한 상황이 닥치면 매우 저열한 사람이 되누나.

보통 정신적인 사람이라 하면 자애롭고 현명하며 용기 있는 사람이라는 뜻입니다. 조건이 좋을 때는 이렇게 사는 것이 그리 큰 일이 아니라고 밀라레빠는 말합니다. 그러나 일이 잘 안 풀릴 땐 얘기가 달라집니다.

상황이나 조건에는 두 가지가 있습니다. 하나는 유리한 것이고 또 하나는 불리한 것입니다. 조건이란 게 본래 유리하지도 불리하지도 않은 것이라 해도, 인간으로서 어떤 사건이나 조건은 유리하다고 받아들이고 다른 조건들은 불리하다고 보는 경향이 있습니다. 때로는 처음에 불리하다고 본 것이 미래 어느 시점에는 매우 유리한 조건이 되기도 합니다.

예컨대 아들이 눈이 먼 상태로 태어난 남자의 이야기를 들은 사람이 많을 겁니다. 누구나 그 아들이 눈먼 것을 불운한 상황이라고 생각했습니다. 하지만 아들이 자라나자 전쟁이 터졌고, 젊은이들은 모두 군대에 가야 했습니다. 하지만 눈먼 아들은 군대에 가지 않아도 되었습니다. 아들은 아버지와 함께 집에 있어도 된다는 허락을 받았습니다. 그러자 모두가 그가 앞을 못 보는 것이 호조건이라고 생각했습니다. 조건이란 이와 같습니다. 조건을 만났을 때는 이 조건이 나중에 유리할지 불리할지 모릅니다.

이런 이유로, 나는 사람들에게 감사를 실천하라고 격려할 때가 많습니다. 부모님께나 우리를 키워 준 분들에게, 친구들에게, 언젠가 우리에게 친절을 베풀어 주었거나 살면서 언젠가 좋은 일을 했던 사람들에게 감사를 표할 수 있습니다. 그러니 아침에 일어나면 오늘 하루가 또 주어진 것에, 해가 떠오른 것에 감사할 수 있습니다. 매끼 먹을 때마다 감사를 실천할 수도 있습니다. 감사할 이유는 많습니다.

하지만 살면서 우환이 생겨도 감사하라고 나는 말합니다. 물론 이런 얘기를 하기가 좀 힘들 때도 있겠죠. 살다가 문제나 우환이, 아주 어려운 일이 생기는 사람도 있습니다. 나중에 가서 이런 우환이나 문제들은 사실 역경으로 가장한 축복이었음을 깨닫게 됩니다. 때로 문제들이 썩 기분 좋은 건 아닐지라도 여기서 많은 것을 배웁니다. 그중 한 가지만 말하자면, 자애롭고 용기 있게 구는 법을 배우는 겁니다. 나쁜 소리를 해서 미안하지만, 인간으로서 우리에겐 문제도 좀 필요한 것 같습니다. 세상에 우환을 겪지 않아도 되는 놀라운 장소란 없을 겁니다. 태어나는 순간부터 우리는 저절로 자애롭고 현명하고 용기 있는 사람으로 진화하기 시작하기 때문입니다. 하지만 이 세상에서 정말 연민심 있고 현명해지기 위해 인간으로 성장하고 진화하려면 고통, 가슴 아픈 일, 도전, 난관을 겪는 것은 거의 자연법칙입니다. 이런 관점에서 보면 처음에 매우 불리하고 부정적이라고 받아들인 조건들에 감사할 수 있습니다. 때로는 이 조건들이 빨리 사라지길 기도할 수도 있습니다. 그러고 나면 훗날 그 문제 때문에 성장했다고 감사를 표합니다. 그 역경으로 말미암아 진정 내면이 행복할 수 있는 법을 배운 겁니다.

붓다가 가르친 첫 명상 중 하나는 이 삶의 모든 것이 무상함을 기억하라는 것입니다. 이런 명상을 하면서 아무리 좋은 상황도 무상하니 그에 집착하지 말아야 한다고 다짐합니다. 예를 들어 지금은 건강이 좋을 수도 있지만 조건이 무상하기 때문에 그 사실에 집착하진 않습니다. 비록 지금은 건강하지만 언젠가는 건강하지 못하게 될 수도 있습니다. 유리한 것처럼 보이는 모든 것들이 본래 무상한 것입니다. 편안함이나 안전이나 다른 모든 유리한 조건에 우리는 매달릴 수 없습니다. 그런 조건들의 참본성이 무상하다는 것을 생각하고 그런 것들을 놓아 버려야 합니다. 준비가 되어 있어야 합니다. 미리 준비가 되어 있어야 합니다. 이 사실을 알아차릴 때, 명상을 통해 불리한 조건들도 모두 무상하다는 것을 기억할 수 있습니다.

무상에 대한 붓다의 가르침을 떠올리게 하는 우화가 있습니다. 이 이야기에는 세도가 당당한 왕이 등장합니다. 왕은 신하들을 모두 불러 모아, 왕국을 다 뒤져 자기도 말로만 들어 본 마술 반지를 찾아내라고 합니다. 반지에는 마술이 깃들여 있는데, 그 반지가 있으면 슬픈 사람이 즉시 행복해지기 때문입니다. 신하들은 여기저기 다 뒤졌지만 반지를 찾지 못했습니다. 신하 중 하나가 마침내 시장에 가서 은을 세공하는 노인을 찾았습니다. 그 늙은 세공인에게 혹시 마술 반지를 아느냐고 물었습니다. 기적처럼 은 세공인은 반지 얘기를 들어 봤을 뿐만 아니라 그 반지를 갖고 있었습니다! 신하는 놀라서 어디 좀 보자고 했습니다. 은 세공인은 낡고 먼지투성이인 상자를 열고 반지를 찾아 왕에게 보여 주었습니다. 신하는 그 반지를 유심히 살피더니 거기에 이런 말이 새겨져 있는 것을 보았습니다.

이 또한 지나가리라.

다음날 신하는 궁궐에 가서 반지를 왕에게 보여 주었습니다. 왕은 반지를 들여다보더니 갑자기 울기 시작했습니다. 그가 왜 우는지 아무도 몰랐습니다. 그러다 몇 분 후 왕은 킬킬, 하하 웃기 시작했습니다. 너무 심하게 웃는 바람에 다른 사람들도 다 웃었습니다.

이 우화를 보면 무상에 관한 붓다의 가르침이 생각납니다. 그 가르침에 따르면 살면서 일어나는 모든 사건, 모든 상황이 무상합니

지금 이 순간 자비롭게 살아가기

다. 그것들은 덧없어서 우리가 매달릴 수 없습니다. 그러니 "이 또한 지나가리라."라는 말을 쓰고 싶어질 수도 있습니다. 이 말은 무상을 깨우쳐 줍니다. 이 말을 이따금씩 진언으로 삼아 암송할 수도 있습니다. 이 뜻은 영영 행복할 수 없다는 것이 아닙니다. 우리는 행복해야 합니다. 하지만 이 말이 깨우쳐 주는 바는, 지금 누리고 있는 유리한 조건에 기대서는 안 된다는 겁니다. 이 말은 지금 무엇에 집착하건 그것이 영원히 가지 못함을 깨우쳐 줍니다.

인생의 조건들은 두 가지로 예측 불가능하다고 옛 스승들은 말했습니다. 지금 경험하고 있는 것은 언제라도 바뀔 수 있습니다. 뿐만 아니라 앞날이 어떻게 될지 모릅니다. 우주가 만물의 큰 질서 안에서 무슨 일을 마련해 놓고 있는지는 아무도 모릅니다. 그래서 살다가 언제든 만날 수 있는 새로운 상황, 도전, 놀라운 일, 축복 등에 반응할 준비가 되어 있어야 하는 겁니다. 이런 변화는 때로 전적인 변화이고 완전한 도전이 될 수 있습니다. 준비가 안 되어 있을 때, 때로는 작은 변화와 사건들 때문에 완전히 균형을 잃고 휘청거릴 수도 있습니다. 좀 더 무상을 알아차린다면 이 어려운 시기를 좀 더 쉽게 헤쳐 나갈 수 있을 겁니다.

나는 2017년 가을 한국에 갔을 때 매우 특별한 선물을 받았습니다. 천으로 만든 예쁜 꽃이었습니다. 그 꽃은 몇 년 전에 일어난 비극적인 사건으로 자녀를 잃은 어머니들이 만든 것이었습니다. 2014년에 배가 사고로 바닷속에 가라앉아 300여 명—그중 대부분이 어린 학생들—이 익사했던 사건을 아마 기억하실 겁니다. 이상하게도 내가 처음 한국에 간 시기가 그 사고 이후였습니다. 그 당시 어디에나 분노가 넘쳤습니다. 심지어 자기 아이들을 잃지 않은 길거리 행인들의 눈에도 분노가 이글거렸습니다. 내가 강연을 하는 것이 원래 스케줄이었지만, 사람들이 너무 고통에 차 있어서 내가 말을 하는 것이 적절치 못하다는 느낌이 들었습니다. 내가 할 수 있는 일은 그저 가만히 앉아 그들의 슬픔과 고통을 들어 주는 일이었습니다. 3~4년이 지난 그간, 치유가 어느 정도 이루어졌다는 것이 확실합니다. 놀라운 결말도 있었습니다. 그 어머니들이 만든 꽃을 집어 드니, 고통이 많이 느껴졌지만 이 놀라운 결말도 느낄 수 있었습니다. 그분들은 분노를 놓아 버리기로 했던 것입니다. 유감과 분노와 슬픔을 연민과 이해로 바꾸는 방법을 그분들은 배웠던 것입니다. 그러니 치유가 이뤄졌던 겁니다. 이런 일이 여러분에게 일어났다고 상상해 볼 수 있습니까? 어떻게 할 수 있을까요? 어떤 반응을 보일까요? 이런 일이 일어날 줄 그 부모님들은 아마 전혀 몰랐을 겁니다. 가장 사랑하는 아들딸이 죽었다는 말을 들어도 믿을 수가 없었을 겁니다. 내가 말하려는 건, 유리한 조건들이 바뀔

지금 이 순간 자비롭게 살아가기

뿐만 아니라 우리가 앞일을 모른다는 것입니다. 우리는 앞날이 어찌 될지 모릅니다.

　내가 속한 수행 계보에서는 계속 명상하라고 가르칩니다. 우리는 붓다가 2,500년 전에 가르친 무상의 개념에 대해 계속 명상합니다. 그 지혜가 의식의 일부분이 되고 이 알아차림이 어느 정도 항상 우리 안에 생길 때까지 명상하고 또 명상합니다. 영원한 건 없다는 걸 우리는 압니다. 지금 누리고 있는 유리한 조건을 당장은 누릴 수 있지만, 그런 것에 집착해서는 안 된다는 것도 압니다. 언제든 예기치 못한 재앙 같은 상황에 봉착할 수 있다는 것을 알아차립니다.

　내가 만약 명상, 알아차림, 성찰의 형태로 정신 수련을 받지 않았다면 조금만 조건이나 상황이 달라져도 전적인 도전이 닥쳤구나 생각했을 것입니다. 처음 이 나라(미국)에 왔을 때, 여기는 모든 게 완벽한 줄 알았습니다. 세상은 아주 좋아 보였습니다. 그러다가 운전 중 발생한 사고 소식을 듣게 되었습니다. 어떤 사람이 탄 차가 고속도로에서 다른 차를 추월했다고 추월당한 차에 탄 사람의 분노가 놀랍게 끓어올랐다는 것입니다. 그 사람은 총을 들고 상대방을 쏘았습니다. 왜? 왜 고속도로상에서 추월한 것이 그렇게 큰 결과를 낳은 걸까요? 그래서 어떻게 됐죠? 상대방은 어쩌면 모임 시간이 임박했거나 화장실이 급했을 수도 있습니다. 누가 알겠습니까? 어쩌면 여럿이 탔는데 한 차에 탄 것이 너무 재미있어, 지금 추월하고 있는 줄조차 몰랐을 수 있습니다. 알아차림 속에 머물고 있지 않으면, 마음이 늘 알아차림 속에 있도록 훈련되어 있지 않으면 지나친 행동을 하기가 쉽습니다. 우리 모두의 마음속에는 분노, 두려움, 공격성의 습관이 있습니다. 그중 어떤 것은 너무 깊이 뿌리내려 우리의 신경계, 생물학적 체계와 결부돼 있습니다. 아마 여러분은 '싸우거나 도망치거나'라는 이분법을 아실 겁니다. 부정적 반응 패턴을 강화할수록 그것들은 더 강해지고 생물학적 촉발 요소는 더 빈번하고 난폭하게 활성화됩니다. 공격적이고 난폭한 행동은 거의 본능이 될 수 있습니다. 고속도로에서 일어난 작은 일 때문에 상대방에게 총을 쏜 사람은 아마 본능적 행동으로 그렇게 했을 것입니다. 이건 거의 동굴 탐사 클럽 회원들을 데리고 집 주변을 어슬렁어슬렁 걸어 다니는 것과도 비슷합니다. 알아차리고 있지 못하면 쉽게 지나친 행동을 할 수 있고 조금만 상황이 바뀌어도 그 결과 갑자기 야수처럼 변합니다.

지나친 행동을 극복할 수 있는 두 가지 훈련이 있습니다. 무상을 성찰할 수 있습니다. '이 또한 지나가리라.'라는 말을 진언처럼 외울 수도 있습니다. 이따금씩 일상생활에서 거룩한 봉헌물을 바치듯이 이 말을 외우고 싶을 수도 있습니다. 스스로 알아차림을 실천할 수도 있습니다. 부정적인 습관을 알아차릴 수도 있습니다. 의식의 구조 속에 파괴적이고 더 이상 쓸모도 없는 옛 습관 더미가 있음을 볼 수 있습니다. 이건 개인적인 일이 아닙니다. 우리 모두에겐 이 오래되고 검토되지 않은 습관이 있습니다. 하지만 어떤 사람들은 자신을 알아차리지 못하고, 알아차림이 없으면 남이나 주변 환경이나 삶까지도 해칠 수 있습니다. 이 패턴과 습관들에 대한 알아차림은 깊은 명상 수행을 통해서 생겨납니다.

　물론 위험을 알아차려야 하지만, 과도하게 조심스럽고 경계심이 많고 지나친 반응을 보일 필요는 없습니다. 지뢰가 묻혀 있는 땅 위를 살살 걷듯이 반응할 필요는 없습니다. 우리는 이런 류의 과도한 행동을 반대하고 싶어 합니다. 매일 스스로를 알아차리고 마음속에 습관적 패턴들이 쌓여 때론 신경계와 생물학적 체계에 과도한 행동을 촉발한다는 것을 꾸준히 명심한다면, 이렇게 할 수 있습니다. 이를 유념하면 이렇게 과도한 행동이 나오는 곳에서 사람들이나 사건들과 마주치지 말아야 한다는 것을 명심할 수 있습니다.

　오래된 습관에 의지한 현실 표현에 반응하지 않는 편을 택할 수도 있습니다. 완전히 다른 의식 차원에서 반응할 수 있습니다. 이렇게 하여 결국은 놀라운 평화를 체험할 수 있습니다. 많은 전통의 큰 스승들이 언급한 삶의 장소에 이를 수 있습니다. 인생에서 일어나는

단순한 진언

모든 일들과 삶의 모든 조건이 우리에게 우호적이라고 느낄 수도 있습니다. 이는 놀라운 통찰입니다! 모든 조건이, 심지어 난관마저 우리에게 우호적입니다. 병조차도 우호적입니다. 이 말은 결국 모든 현실 표현이 펼쳐지는 가운데 깊은 평화를 느낀다는 뜻입니다.

모든 조건이 유리해진다는 것은 개념이 아닙니다. 이는 아름다운 인간적 체험입니다. 어떤 공현이나 초월적 체험이나 정신적 깨어남이 아닙니다. 모두가 마음만 먹으면 할 수 있는, 평범하고 아름다운 인간적 체험입니다. 깨어나서 우리가 삶을 완전히 통제하지 못한다는 것을 깨닫고, 그러므로 배워야 하며 어떤 일이 일어나도 내려놓고 또 내려놓을 준비가 돼 있어야 합니다. 가슴을 닫지 말아야 한다는 것을 기억할 수 있습니다. 때로 살기가 좀 어렵거나 누군가가 고속도로에서 우리 차를 추월하면 우리는 가슴을 닫아겁니다. 바로 그것이 가장 큰 위험입니다. 인간의 가슴은 열리고 싶어 하니까요.

인간의 가슴에는 열리고 싶다는 자연스러운 욕망이 있고 그 욕망과 함께 달콤한 승복, 삶에 대한 승복이 있습니다. 연민과 용서와 받아들임이 있고, 더 이상 오래된 습관으로 가득 찬 마음 상태에 빠져 허우적대지 않습니다. 바로 그 순간 우리는 마음과 의식의 다른 차원에 가 있는 겁니다.

10

자아 이미지를
넘어서

"나는 누구인가?"
이 질문의 핵심은 답을 얻자는 것이 아닙니다.
차라리 이 질문은 계속 자아 이미지를 허물어 가는 과정입니다.

1960년대와 1970년대에는 동양을 돌아다니며 다양한 불교 전통과 요가 규율을 탐구한 사람들이 많았습니다. 이 시절 미국의 정신적 지도자 하나가 동양의 많은 스승들 문하에서 공부했습니다. 그 모든 스승에게서 무엇을 배웠느냐고 사람들이 물으면, 그의 답은 범상치 않았습니다. 그 스승들이 무얼 '가르쳤는가'보다는 무얼 '안 가르쳤는가'를 그는 말해 주었습니다. 그는 이렇게 말하곤 했습니다. "어느 누구도 집착하는 법을 가르친 사람은 없었지요."라고. 이는 아주 현명한 대답입니다.

그는 모든 정신적 가르침의 핵심을 짚어 낼 줄 알았던 것입니다. 다른 말로 하자면, 핵심을 놓치지 않았습니다. 수많은 옛 가르침의 핵심은 움켜쥐지 않는다는 개념입니다. 시간을 초월한 지혜가 적용될 수 있는 방법은 많습니다. 전혀 그런 걸 기대하지 않고 다른 것을 기대하고 있을 때 벌어지는 여러 상황을 만나면, 일상생활에서 움켜쥐지 않음을 구현할 수 있습니다. 기대했던 것에 집착하지 않고 새로운 상황을 받아들임으로써 움켜쥐지 않음을 실천할 수 있습니다.

물질적으로 취득한 것과 재산에 관해서도 움켜쥐지 않음을 실천할 수 있습니다. 소유한 것과 원하는 것에 우리는 매우 집착할 수 있습니다. 이런 것에 빠져 헤맬 수도 있습니다. 또 개념, 생각, 믿음에 움켜쥐지 않음이라는 원칙을 적용할 수도 있습니다. 그 대상이 비물질적이고 실체가 없는 것이라 해도 우리는 정말로 이런 것들에 집착하는 경우가 많습니다. 우리가 모르면서도 휩싸이고 마는 가장 강력한 집착 중 하나는 자아에 대한 집착입니다. 이는 이른바 '자아 움켜쥠'이고 지극히 강력한 집착입니다. 이 세상에는 자신의 자아 이미지에 집착하기 때문에 괴롭고 불행한 사람들이 많습니다.

우리는 자신의 이미지를 마음속에 그리며 왔다 갔다 하고 삽니다. 하지만 이런 자아 이미지는 완전히 잘못된 것입니다. 이 자아 이미지는 우리의 참모습이 아닙니다. 이 자아 이미지는 우리와 함께 태어난 것도 아닙니다.

갓난아기가 자기가 누군지에 관한 개념을 갖고 있는 것을 본 적이 없습니다. 아기들에게는 자아 이미지가 없습니다. 그러니까 갓난아기는 어떻게 보면 깨달은 상태인 겁니다. 갓난아기들은 아직까지 자아 구조가 없고 분명히 마음속에 어떤 자아 이미지도 없기 때문에 여러모로 신비로운 초월자들입니다. 하지만 세월이 가면서 각자가 개인적 자아감을 발전시켜 가고 어린이들은 매우 강한 자아 이미지를 키워 가는 과정을 겪습니다.

갓난아기처럼 짐승도 자아 이미지가 없으며 여러분에게 아무것도 투사하지 않습니다. 그렇기 때문에 주위에 반려동물이 있으면 긴장이 풀리고 편안한 것입니다. 짐승들은 우리가 어떻게 생겼건 그때 어떤 형편이건 상관없이 무조건 우리를 사랑합니다. 패배자라거나 바보라고 우리를 비판하지도 않습니다.

인간의 발달 과정 중에 에고 구조가 아예 없는 단계나 태어날 때부터 아무것도 모르고 아무 개념도 없는 단계에서 시작해 하나의 자아 이미지를 갖춘 완전히 성숙한 에고로 가는 것은 당연한 일입니다. 이 자아 이미지는 너무 강하여 우리는 결국 이것이 나라고 믿게 됩니다. 그 다음 단계에서 우리는 모든 자아 이미지를 뛰어

넘어 자신의 참버전에 이를 것이라는 기대를 받습니다. 이런 자아 이미지의 층들은 우리가 몸담은 문화의 기준, 가치, 인식에 의해 계속 강화되고 있기 때문에 거기에 도전하기가 무척 어렵습니다.

그래도 모두가 매우 집착하는 자아 이미지의 바탕이 과연 무엇인지 질문해야 합니다. 누구나 자아 이미지가 하나나 여럿 있고 그 자아 이미지에 집착하기 때문에 자기를 그것과 전적으로 동일시합니다. 그렇지만 자아 이미지는 순전히 마음이 만들어 낸 것입니다. 그것은 사상누각과 같습니다. 마음이 만들어 낸 것이고, 상상입니다. 어디에도 존재하지 않습니다. 분명히 바깥에 존재하지 않습니다. 안에도 존재하지 않습니다. 자아 이미지는 순전한 상상으로만 존재하는 허구적 개체입니다. 그런데도 사람들은 자아 이미지에 집착하여 막대한 고통을 받습니다. 사람들은 자존심에 상처를 받고 죄의식과 자기혐오와 수치심과 자기가 부적절하거나 매력이 없다는 느낌 때문에 괴로워합니다. 자기가 착하지 못하다거나 똑똑하지 못하다는 느낌과 계속 싸우는 사람이 많습니다. 그들은 돈이 없다거나 성공하지 못했다고 느낍니다. 우리가 사는 현대 세계에는 사람들이 자기혐오나 자기 의심이라는 심리적 질병과 그야말로 투쟁하는 문화가 있습니다. 인구 중 막대한 비율의 사람들이 본래 불완전하다고 느끼는 나라도 있습니다. 특히 몸과의 관계에

자아 이미지를 넘어서

서 그러합니다. 어떤 사람들은 자기 외모를 싫어해 얼굴 구조를 완전히 바꾸려고 극단적인 성형수술을 받을 정도입니다. 또 어떤 사람들은 자기가 부족하다는 생각 때문에 굶거나 자해를 합니다. 이런 일이 현대 문화를 구가한다는 몇몇 나라에서 벌어지고 있고, 이는 여러모로 참 슬픈 일입니다.

본인이 똑똑하지 못하다거나 살면서 성공하지 못했다는 느낌이 들 수도 있습니다. 천직이나 학문적 이상을 찾지 못했을 수도 있습니다. 쌓았어야 마땅한 부를 축적하지 못했다는 느낌이 들 수도 있습니다. 우리는 이모저모로 부족합니다. 이런 부정적 자아 이미지를 마음속에서 키워 왔고 때로는 자신에 대해 아주 가혹하기도 합니다. 자신을 판단하고 비판합니다. 뭔가가 잘못되었고 그러므로 자기가 사랑받지 못할 존재라는 결론을 내릴 수도 있습니다.

다른 한편, 어떻든 우리가 남들보다 낫고 더 똑똑하다고 생각하며 자부심을 키울 수도 있습니다. 남들 대부분이 해내지 못한 일들을 자신은 성취했다고 생각할 수도 있습니다. 이런 식으로 생각하면 자부심이 키워집니다. 자부심은 또한 고통스럽기도 합니다. 보통 자부심의 핵심에는 죄의식, 수치심, 자기혐오 같은 것이 있습니다. 순수한 자부심, 순금같이 순수하기만 한 자부심은 없습니다. 모든 형태의 자부심은 죄의식과 수치심과 섞여 있고 모든 것이 오염되어 있습니다. 그래서 붓다는 말했던 것입니다. 자기가 남보다 낫다고 생각한다면 그건 망상이라고요. 자기가 남들보다 못하다는 생각도 망상이고 남들과 같다는 생각이 들어도 여전히 망상이라고요. 자기가 남들과 같다는 생각, 자부심, 죄의식은 모두 자신을 남들과 비교하기 때문에 드는 생각입니다.

자아 이미지와 연관된 심리적 문제 때문에 말없이 고통받는 사람들이 많습니다. 이런 고통은 개인적인 신경증 때문이 아니라, 거의 그들이 노출되어 있는 관습적 환경 때문인 경우가 많습니다. 멋져 보인다고 생각되는 이미지는 매우 특별하며, 그 기준은 사람들에게 아주 어릴 때부터 주입됩니다. 바비 인형과 디즈니 영화에 나오는 인물들 같은 어린이용 장난감은 아동들에게 강력한 이미지를 주입합니다. 많은 어린 소녀들은 그런 것을 보고 기준을 세워, 초라한 자아 이미지가 생기게 됩니다. 유색 인종 같은 소수 집단은 특히 그러합니다. 아름다움 같은 특질은 인식에 따른 것이며 어떤 절대적 규정이 없습니다. 속담처럼 "아름다움은 보는 사람의 눈에 달린 것"입니다.

최근 나는 어느 흑인 소녀에 대한 기사를 읽었습니다. 이 여자아이는 유치원에 다니면서 끔찍한 경험을 했습니다. 머리카락과 피부가 남다르다 하여 친구들에게서 괴롭힘을 당했던 것입니다. 하지만 그 아이는 낙담하지 않고 흑인이나 피부가 가무잡잡한 여자 아이들도 모두 아름답다고 느낄 수 있게 행동을 취하기로 했습니다. 그 아이는 피부색이 다른 온갖 인형들을 수집하기 시작하여 성탄절에는 그 인형들을 다 남에게 선물로 주었습니다. 지금까지 미국, 아이티, 아프리카에 인형 2만 개를 나눠 줄 수 있었습니다. 그 아이는 지금 11살입니다. 이건 고무적인 이야기입니다. 우리도 미에 관한 선입견에 도전하는 행동을 취할 수 있습니다. 우리의 생각은 1차원적이고 유효하지 못한 경우가 많고, 그런 생각들은 우리와 남들에게 해로울 수 있습니다.

살면서 만들어 내는 이러한 자아 이미지들에 대해 문제를 제기해 봐야 합니다. 문제를 제기하기 시작할 때까지는 참된 정신적 발전도 참된 깨어남도 없습니다. 정말 변화하려면 자아 이미지에 대해 문제를 제기하고 거기에 도전해야 합니다. 그래서 이러한 문제 제기가 수행 과정의 중요한 일부인 것입니다. 우리가 매달리고 있는 자아 이미지에 대해 문제를 제기하고 질문을 던지는 습관을 기르는 것은 유용한 일입니다. 우선 어떻게 자아 이미지를 만들 수 있었는지 질문해야 합니다. 자아 이미지를 이루는 요소, 그것을 만들고 쌓아 올리는 부분들에 대해 질문을 던질 수도 있습니다. 그런 개념을 태어날 때부터 지닌 게 아닌데 그럼 그런 개념들은 어디서

지금 이 순간 자비롭게 살아가기

왔을까요? 조만간 우리가 자기와 동일시하는 자아 이미지가 우리가 누군지에 대한 생각과 믿음에서 왔다는 걸 배우게 됩니다. 그것은 우리 스스로 지어냈거나 주변 사람들과 사회가 주입한 생각과 믿음들입니다. 우리가 마음속 건물을 세우고 거기 집착하는 것은 이 두 가지 요소 때문입니다. 결국은 온갖 형태의 자아 이미지가 실답지 않다는 걸 깨닫게 됩니다. 그 이미지들은 헛것입니다. 그것들은 우리의 참모습이 아닙니다. 어떻게 하면 그 사실을 알게 될까요?

자아 이미지를 갖고 하는 급진적이고 전통적인 불교 수행이 몇 가지 있습니다. 그중 하나는 이것입니다. 집을 떠나 여기저기 여행하는 겁니다. 모든 걸 내려놓고 작은 천막 하나만 가지고 여기저기 다닙니다. 한 자리에 하룻밤이나 이틀밤 이상 머무르면 벌써 주거라는 의미가 생겨나기 시작하기 때문에, 어떤 곳에도 집착하지 않기 위해 매번 다른 곳에서 야영합니다. 한 곳에서 머물면 이런 생각이 들 것입니다. "이건 내 침대야."

집이 없고 침대가 없어도 여러분은 영역 표시를 하기 시작합니다. "여기까지가 내 영역이야. 이것이 내 집이야. 여기서 난 오늘밤 잘 것이고, 내 허락 없이는 아무도 여기서 잘 수 없어."

아무 건물도 없지만 우리 마음은 가끔 개들이 하듯이 영역 표시를 하기 시작합니다. 마음으로 그런 짓을 하는데, 한 자리에 하룻밤 이상 묵는다면 어떤 일을 하게 될지 누가 압니까? 우리는 사막이나 산중같이 텅 비고 낯선 곳에서도 뭔가를 주장합니다. 이렇게 정처 없이 여행하는 방법을 쓰면 계속 돌아다니게 되고 그래서 잘못된 주장을 피할 수 있습니다. 이러한 행동을 많은 현대인들이 실천할 수는 없겠지만 좋은 명상 주제는 될 겁니다.

자아 이미지를 끊어 내기 위해 불교 수행이 권하는 또 하나의 방법은 이미 받아들여진 행동 규범과 반대되는 일을 하는 것입니다. 예컨대, 얼마 동안 요가 수행자로 살아 본다거나 전혀 자신을 돌보지 않는 생활방식을 가진 주거 부정의 걸인으로 사는 겁니다. 외부 세계에 멋지게 보이려 한다거나 매력적으로 보이려 하는 것을 중단합니다. 이런 것도 현대사회와는 맞지 않는 일인지도 모릅니다. 옛날 큰 스승들은 이런 류의 비관습적이고 급진적인 수행을 하여 자기와 관련된 걱정의 한계를 벗어나려 했습니다. 이 수행의 요체는 머릿속을 떠나지 않는 모든 일을 과감히 내려놓는 것입니다. 여러분의 허영, 희망, 두려움, 옳고 그름이라는 개념을 다 내려놓습니다. 기본적으로, 자아 이미지를 유지하려는 노력도 놓아 버립니다. 대신 그것을 파괴합니다. 이런 일을 다 하고 나서 밖으로 나올 때는 놀라운 자유를 체험하고 의식 속에 놀라운 후련함을 느낍니다. 순례를 하면서 여러 번 죽었기 때문에 의식 속에 새로 태어난 기분이 드는 것입니다. 무엇이 죽었을까요? 죽은 것은 자기가 누군지에 대한 개념과 생각들입니다. 스승들의 급진적인 가르침 중 어떤 것을 보면, 죽음을 체험하라고 합니다. 그들의 말은 육체적으로 정말 죽으라는 것이 아니라 내적으로 죽으라는 것입니다. 우리가 누구인가에 대해 갖고 있는 모든 개념과 믿음이 죽어 버리는 것을 말합니다. 여러분의 자부심은 수치심과 죄의식과 함께 스러집니다. 여러분이 살아온 이야기도 고통과 슬픔, 미움과 함께 사라집니다.

우리 각자가 우주만큼이나 신비롭고, 놀라운 존재입니다. 우리는 놀라운 에너지 흐름입니다. 이 흐름은 어떤 정체성의 틀 속에 가둘 수도 없고 어떤 방법으로도 고착시킬 수 없습니다. 때로는 누군지 이름을 붙일 수도 없습니다. 우리는 특별한 개체가 아니며 차라리 계속 변하는 여러 요소가 모인, 살아 있는 덩어리라고 붓다는 가르쳤습니다. 인간으로서 우리는 여러 차원을 지닌, 형언할 수 없고 계속 흐르는 실재입니다. 거기서 그치는 것이 아닙니다. 우리라는 존재를 이루는 모든 차원들은 계속 바뀌고 계속 형성되고 있습니다. 매 순간 녹아 드러나고 있습니다. 그러니까 우리는 하나의 개념이나 생각으로 파악할 수 없는, 계속 흐르고 말로 표현할 길 없는 실재인 것입니다.

자아 이미지를 무너뜨릴 때 쓸 만한 아름다운 질문이 있습니다.

자아 이미지를 넘어서

끊임없이 "내가 누군가?"를 물어야 합니다. 이런 질문은 어떤 하나의 전통에만 국한된 것이 아닙니다. 불교 전통을 포함한 많은 전통의 스승들이 직간접으로 이 방법을 가르칩니다. "나는 누구인가?" 이 질문의 핵심은 답을 얻자는 것이 아닙니다. 차라리 이 질문은 계속 자아 이미지를 허물어 가는 과정입니다. 자아 이미지를 완전히 허물면서 그와 함께 우리의 자부심, 죄의식, 수치심도 허무는 것입니다. 모든 것을 부수고 깨어나서 비로소 우리가 정말로 누군지를 봅니다. 결국 내면으로 주의를 돌려 "나는 누구인가? 자아란 무엇인가?"를 물을 필요가 있을 겁니다. 그래서 계속 변모하고 우리가 정체성이라고 믿었던 것이 내면에서 사라지게끔 하는 겁니다. 이 모든 개념들, 우리가 아껴 온 자신에 관해 깊이 뿌리내린 생각과 믿음들, 즉 우리가 누구라고 생각하는가 하는 고통스러운 환상을 만들어 내는 모든 개념들을 놓아 버릴 수 있습니다.

현대 대중 심리학도, 긍정적인 자아 이미지를 키워 가는 것을 강조합니다. 그러면 많은 이득이 있습니다. 사람들은 더욱 자신감을 갖게 되고, 세상과 관련된 목표—경력이나 인간관계—를 더 잘 성취하게 됩니다. 하지만 이때 자아 이미지란 마음속에 떠올리는 환상일 뿐이지 우리의 본모습이 아닙니다. 자아 이미지는 여러분을 옭아매는 황금 가면이나 황금 사슬처럼 피상적인 치료제일 뿐입니다. 긍정적이든 부정적이든 강한 자아 이미지를 마음속에 갖고 있는 한, 우리는 그것에 매여 있게 되고 그 자아 이미지를 유지하기가 힘듭니다. 정말로 행복해지고 싶다면 모든 자아 이미지를 뛰어넘어야 합니다. 이건 쉬운 일이 아닙니다. 아무나 할 수 있는 일도 아닙니다. 절대 잃을 수 없는 자유를 찾겠다는 욕구가 강한 사람만이 할 수 있습니다.

옛 지혜 전통에서는, 기술이 발전하면서 사람은 이런 자아 이미지들이 모두 녹아 없어지는 상태를 체험할 수 있다고 합니다. 예를 들어 금강승 수행에서는, 자신을 원형적 신으로 시각화함으로써 신성한 자부심을 유지합니다. 이 자부심은 보통 자부심과는 다릅니다. 이는 모든 자아 이미지를 버리고 사랑과 용기라는 존재의 근원으로 돌아가 쉬는 방법입니다. 때로 우리는 자아와 가장 가까우면서 가장 멀리 떨어진 경계선에 서 있기도 합니다. 자아 이미지라는 마음의 감옥에 갇힌 채 자신의 참모습을 찾지 못하고 계속 태어남과 죽음을 반복할 사람들도 있습니다.

11

평화
불러오기

비폭력, '아힘사'를 실천하는 것만으로도 전 인류에게,
인간 형제자매로 이뤄진 거대한 가족에게
큰 공헌을 하는 셈입니다.

인간 세상에는 친절함, 선의, 연민에서 우러나오는 행위들이 많습니다. 때로 우리는 주변에서 항상 일어나는 이런 선한 일이 많다는 것을 잊고 인정하지 않습니다. 동시에 많은 고통, 갈등, 참상이 매일 일어나고 있다는 것도 인정해야 합니다. 인간이 참여한 생각과 행동 때문에 주변에 그리도 많은 고통과 참상이 빚어진다는 것을 우리는 압니다. 그런 견지에서 보면 문제 해결의 최선책은 '아힘사'라는 오래된 개념일 것입니다. '아힘사'는 산스

지금 이 순간 자비롭게 살아가기

크리트 단어로 '비폭력'이라는 뜻입니다. '아힘사'는 동양의 큰 지혜 전통의 기초 수행 중 하나입니다. '아힘사'를 실천하는 사람들이 충분히 많이 있어야만 비로소 세상에서 진정한 근본적 변화를 볼 수 있을 것입니다. 물론, 정치, 패션, 우리의 태도와 가치에는 표면상의 많은 변화가 있겠죠. 여러모로 세상은 변하는 것 같지만 정말 중요한 변화—의식의 변화, 마음의 변화—는 세상에 '아힘사(비폭력)'를 성실하게 실천하는 사람들이 많이 생길 때까지는 아직 일어나지 않은 셈입니다.

붓다 재세 시에 인도에 슈라마나(사문沙門) 운동이라는 운동이 있었습니다. 이 전통을 따르는 사람들은 금욕주의자들이었고 그들이 주로 하는 활동 중 하나가 '아힘사'였습니다. 붓다도 위대한 슈라마나, 현자로 여겨졌습니다. 비범한 현자와 금욕주의자들은 인도 전역에 '아힘사' 운동을 퍼뜨렸고 인도 너머까지 전파했습니다. 이 운동은 곳곳에 퍼져 나갔고 철학이나 정신 수행의 형태로 모든 문화에 스며들었습니다. 지금도 '아힘사'를 실천하는 사람들이 많습니다. 그런데도 아직 좀 더 많은 사람들이 '아힘사'를 실천할 필요가 있습니다.

우리에게는 전적으로 새로운 운동, '아힘사' 운동이 필요합니다. '아힘사'는 개인에게도 그렇지만 전 인류에게도 평화, 조화, 행복의 원천이 될 수 있습니다. 세상에서 일어나는 운동이 많습니다. 어떤 운동은 좋고, 어떤 운동은 매우 의심스럽고 좋지 않고 해롭기까지 합니다. 해로운 운동은 불신, 부조화, 분노, 미움, 편견과 편협함의 씨를 뿌립니다. 인류로서 우리는 모두가 진화해 있고 더 이상 진화할 필요가 없다고 현실에 안주해서는 안 됩니다. 이렇게 말해선 안 됩니다.

"좀 쉬자. 인류의 의식을 바꾸겠다고 걱정할 필요가 없어. 이미 의식은 진화해 있어. 명상하지 말자. 그저 즐기기나 하자. 음식을 더 먹고 자원을 더 쓰자. 즐거운 시간을 보내자. 굳이 의식을 바꾼다고 명상하거나 걱정하지 않아도 돼."

이렇게 말하면 현실에 안주하는 셈이 됩니다. 사실 우리는 일종의 시급함을 느껴야 합니다. 모두 합심하여 전 인류의 의식을 바꾸어야 합니다. 여러분이나 나의 의식만 바꿔선 안 됩니다.

여러분은 단지 한 개인일 뿐이며, 형제자매나 걱정거리가 있는 사촌의 의식을 바꾸기도 힘든데 하물며 전 인류의 의식에 대해 할 수 있는 일이 별로 없다는 생각이 들 겁니다. 여러분은 주어진 기도들을 다 하고 적어도 걱정 많은 사촌의 의식은 바꿀 수 있길 바라며 많이 명상해 왔을 겁니다. 그런데도 사촌은 전혀 변하지 않습니다. 사실은 점점 안 좋아집니다. 우리가 인류에게 공헌할 일도 전연 하지 않았다고 생각할 만도 합니다. 완전히 낙담하는 것은 쉬운 일입니다. 하지만 비폭력, '아힘사'를 실천하는 것만으로도 전 인류에게, 인간 형제자매로 이뤄진 거대한 가족에게 큰 공헌을 하는 셈입니다.

지난 토요일 나는 여러 사람과 함께 빅서Big Sur에 갔습니다. 거기까지는 몇 시간 동안 차를 타고 가야 했습니다. 가는 동안 내 친구 하나가 과학자와 나눈 대화 이야기를 했습니다. 정말 내가 주의 깊게 들을 만한 얘기였습니다. 과학자들이 이런 현상을 발견했다고 그 과학자가 말했다는 겁니다. 누구와 혹은 어떤 인간 집단과—예컨대 친척과— 유전자 배열이 같으면 멀리, 심지어 지구 반대편에 살아도 그 사람은 여러분이 느끼는 것과 같은 것을 느끼고 같은 체험을 할 수 있다는 것입니다. 이는 매우 흥미로운 현상입니다. 맞는지 틀렸는지는 모르지만 이 생각은 좋다고 봅니다. 설령 틀린 주장이라 해도 그걸 감안하긴 해야 합니다. 그러면 깨어나서 분노가 비단 우리만 해치는 것이 아님을 깨닫게 될 겁니다. 분노는 수많은 남들까지, 아마도 부모님과 다른 친척들까지 해치는 것입니다. 분노해서 그 분노에 떠밀려 간다면 우리도 그들의 의식에 해와 고통을 끼치는 셈입니다. 아마도 그 현상 속에는 진실이 있을 것입니다.

붓다가 가르친 비폭력은 슈라마나의 네 가지 계율이나 금욕주의자의 네 가지 규율이라고 알려진 것입니다. 이 네 가지 계율을 번역해 보겠습니다.

> 학대받았다고 학대를 돌려주지 않는다.
> 분노했다고 분노로써 반응하지 않는다.
> 검열 받았다고 비판으로 반응하지 않는다.
> 맞았다 하여 때리지 않는다.

슈라마나의 이 4계는 불교 전통에서 가장 기본이 되는 원초적 수행법입니다. 이 네 가지 규율을 들여다보면 전부 '아힘사', 즉 비폭력의 실천에 대한 것입니다. 비폭력이란 매사에 어떻게 반응하느냐 하는 것입니다. 비폭력은 마음속에서 시작됩니다. 폭력에는 여러 형태가 있습니다. 폭력이, 꼭 야만적인 행동으로 살아 있는 존재를 해치는 등 우리가 행하는 끔찍한 일인 것은 아닙니다. 폭력에는 여러 형태가 있고 폭력은 아주 미묘할 수도 있습니다. 그래서 샨티데바는 남들을 볼 때 자애로운 표정으로 바라보라고 했던 겁니다. 여러분이 맺는 관계 속에서, 다른 사람들과 생물들과의 상호작용에서 조금이라도 폭력의 이미지를 퍼뜨리지 말라는 얘깁니다. 그게 아니라면 아마 여러분은 자애로운 표정으로 모든 이를 바라보지는 않을 겁니다. 이는 여러분이 어디에 사는가에 따라 다릅니다.

자애로운 표정으로 남들을 바라보면 안 되는 문화도 있습니다. 그럴 경우엔 누가 그런 얼굴로 자기를 보면 그 사람이 편집증 환자처럼 되고 이 사람이 내게 뭔가 원하는 게 있구나 하고 생각할 것입니다. 그래서 등을 돌릴 것입니다. 우리가 남들을 어떻게 바라보는가 하는 폭력만 있는 게 아니라, 가까이 들여다보면 항상 말에서도 폭력을 찾을 수 있습니다.

앞 장에서도 말했다시피 나는 한때 애리조나 주에 있는 셀리계곡에서 '초드'에 바탕을 둔 집중 수행을 이끈 적이 있습니다. 그때 멋진 인디언들이 우리를 이끌고 보호했습니다. 그분들은 진정 우리의 수호자였습니다. 우리의 안전을 보장해 주었고 이날의 행사 진행을 확실히 보장해 주었습니다. 마침내 집중 수행을 끝내고 계곡 밖으로 나왔을 때, 우리는 그 인디언들이 참 친절했다는 이야기를 나눴습니다. 한 사람이 말하길, 우리 가이드들이 속한 종족, 즉 인디언들은 말할 때 욕을 섞지 않는다는 것이었습니다. 이건 놀라운 일입니다. 그녀는 또 말하길, 티베트 문화는 아주 정신적이기 때문에 티베트어도 그럴 거라고 했습니다. 이런 생각을 부정하는 말을 해서 미안하긴 하지만, 나의 모국인 티베트의 언어에는 내가 아는 어느 언어보다도 저주와 욕이 아주 많습니다. 특히 내 고향인 골로크 지방 말이 그렇습니다. 인구도 적어 겨우 10만 명쯤이지만 그 지방 사람들은 저주와 욕을 잘 구사했습니다. 그중엔 웃기는 욕도 있습니다. 나는 지금 고향의 욕 몇 마디를 영어로 번역하는 중입니다. 개중엔 익살스러운 욕도 있고 그리 익살스럽지 않은 욕들도 있습니다.

이런 욕설의 보고寶庫를 지녔으면서도, 우리 골로크 사람들이 하는 서원이 있습니다. 이런 서원은 티베트 어떤 다른 지방이나 어떤 문화에서도 찾지 못했습니다. 실제로 나도 어렸을 때 그 서원을 했습니다. 아시다시피 티베트 사람들은 온갖 서원을 합니다. 정신적 서원, 개인적 서원, 채식을 하겠다는 서원 등입니다. 전통마다 사람들이 할 수 있는 서원 목록이 있습니다. 하지만 내 고향 마을에서는 말에 저주나 욕을 섞지 않겠다는 서원이 있습니다. 왜냐하면 아마 사람들은 알겠지만, 욕을 할 때마다 행동과 의식 속에는 이미 폭력이 일어나고 있기 때문입니다. 말을 내뱉을 때마다 그 말들 모두가 의식 어느 곳에서 올라오기 때문입니다. 그러니까 불친절한 말을 하면 그 방식이 듣는 누군가의 느낌에 상처를 줄 수 있습니다. 폭력, 분노, 미움이 의식 속에서 강화되고 좀 더 구체적이 되고 좀 더 잘 자리잡는 것입니다.

우리 모두는 현대판 슈라마나가 되어 위의 네 계율을 일상생활에 적용할 수 있습니다. 예컨대 사람들이 도전해 올 때 보통 일어

지금 이 순간 자비롭게 살아가기

나는 충동은 분노로써 반응하는 것이거나 상대방과 맞먹는 겁니다. 다음에 누군가가 도전이 되는 무슨 일을 해 올 때는 그들에게 대적하지 말 것을 기억하십시오. 그들이 분노한다 하여 분노로 반응하지 말고, 폭력에 폭력으로 반응하지 말 것을 명심하십시오. 학대 받았다고 학대를 돌려주지 마십시오. 학대는 자신을 포함한 아무에게나 자행되게 내버려 둘 일이 아닙니다. 비공격적이고 현명하게 학대 행위를 멈추게끔 할 방도가 있습니다. 우리는 사람들이 실제로 도전해 오는 일상적 상황에 맞닥뜨릴 수도 있습니다. 그것은 일종의 폭력일 수도 있고 때로는 학대일 수도 있습니다. 사람들은 뜻밖에도, 항상 도전할지도 모릅니다.

나는 "누구의 꼭지를 돌게 한다to push somebody's buttons."라는 표현을 좋아합니다. 자신을 시각화할 때 다른 몸을 가진 존재로 하고 싶을 수도 있습니다. 여러분이 업신業身과 감정, 편견, 선호의 몸도 갖고 있다고 칩시다. 그다음 이 몸이 이 모든 꼭지가 달려 있는 일종의 로봇 같다고 상상해 보십시오. 그것이 여러분의 업신을 시각화한 것일 뿐임을 기억하십시오. 이는 누굴 매우 추켜올려 주는 시각화는 아닙니다. 딴뜨라 전통에서 가르치는 것 같은, 차크라, 채널 등이 포함된 미묘한 몸의 시각화와는 다릅니다. 딴뜨라의 시각화는 마음을 매우 고양시킵니다. 그런데 로봇으로 표현된 이미지는 고무적인 것이 아니라 효율적인 것입니다.

그러므로 여러분은 자기 업신을 꼭지가 많이 달린 로봇으로 정기적으로 시각화하고 싶을 것입니다. 수동적 공격성의 꼭지, 분노의 꼭지, 안전하지 못함의 꼭지, 수치심의 꼭지, 공격의 꼭지를 시각화하십시오. 온 세상이 깨어나서 여러분의 꼭지를 누르려고 기다리고 있는 것 같습니다. 여러분이 정말 혼자 있는 유일한 시간은 깊이 잠들어 있을 때입니다. 그때는 세상이 느껴지고 모두가 곁을 떠났을 겁니다. 아마 그래서 우리가 숙면에 집착하는지도 모릅니다. 누구나 요즘은 숙면을 찬양합니다. 사람들은 정말 숙면을 좋아합니다. 그들은 항상 묻습니다. "간밤에 푹 잤어요?"

물론 잠을 잘 자면 개운하고 회춘한 느낌이 드니까 숙면은 좋은 일이라고 생각할 수 있습니다. 그렇지만 "간밤에 마침내 모든 이가 나를 혼자 놔두었습니다. 온 세상이 나를 혼자 놔두었습니다. 맞나요?" 그렇게 느껴집니다.

아침 일찍 일어나면 그런 느낌이 드시나요? 우선 부엌으로 걸어가서 커피를 내리겠죠. 이를 닦고 누군가가 몸의 꼭지를 돌게 할 때까지 자진해서 기다리고 있을 겁니다. 이미 꼭지를 돌게 하려고 이름을 올린 자원봉사자들 명단이 죽 있습니다. 뿐만 아니라 온 세상사람들이 여러분의 꼭지를 돌게 하고, 정말로 꼭지를 돌게 하는

지금 이 순간 자비롭게 살아가기

모든 일을 보여 주는 데만 관심이 있습니다. 마치 여러분이 시간에 맞춰 어디로 가야 하는데 고속도로에서 차 바퀴에 펑크가 난 것처럼 말입니다. 아마 핸드폰도 터지지 않을 겁니다. 그러면 드디어 꼭지가 눌립니다. 더 이상 페이스북 페이지를 읽을 수 없으니까요. 페이스북 없이 어찌 살 수 있습니까? 그런 삶은 끔찍할 겁니다. 걱정스럽고 심심하고 안전치 못하고 불안한 세상입니다. 그야말로 모든 이가 속으로는 여러분의 꼭지를 돌게 하고 싶겠지만, 사실 대부분은 아무도 꼭지를 돌게 하려 하지 않습니다. 세상은 여러분에게 도전할 의도가 없습니다. 세상은 그저 춤추고 있을 뿐입니다. 세상, 삶, 뭐라고 부르든 그건 언제나 춤추고 있습니다.

세상은 우리의 선호, 선택, 호오에 맞춰 춤추는 것이 아닙니다. 우주는 우리가 이해할 수 없는 이 놀라운 기적입니다. 우주는 항상 춤추고 있습니다. 우주는 지금 하고 있는 일을 할 뿐입니다. 여러 모로, 이 순간에 무슨 일이 일어나든 그것은 기적입니다. 이 춤, 삶, 세상, 인생이 추는 이 우주의 춤. '릴라'라는 이 아름다운 산스크리트─'신성한 유희'라는 단어─를 쓰고 싶을 수도 있습니다. 이 순간 일어나는 모든 일을 우리는 실제로 릴라로, 신성한 유희로, 신성한 춤으로 바라보고 싶어질 수도 있습니다.

그러니 누군가가 여러분에게 도전해 온다 합시다. 그 사람이 일부러 그러는지, 전혀 모르고 그러는지는 중요하지 않습니다. 그럴 때 우리는 혼잣말을 할 수 있습니다. 이것이 '아힘사'나 슈라마나의 4계를 실천할 기회일 거라고 말이죠. 알아차리지 못함, 분노, 공격, 순전한 미움, 두려움. 이런 것에서 오는 도전에 반응하지 않는 것입니다. 사람들, 세상, 삶의 도전에 반응하는 순간 그건 두려움과 기대에서 반응하는 것이며 그 표현은—진짜 결과는— 폭력인 것입니다. 폭력은 기본적으로 우리가 본성, 불성이라 부르길 좋아하는 것으로부터 우리를 떼어놓는 힘이 있습니다. 폭력은 평화와 행복, 사랑을 파괴할 수 있습니다. 그뿐 아니라 우리가 내뿜고 주변에 퍼트린 폭력은 다른 사람들의 평화를 파괴하는 독약 같은 힘을 갖기도 합니다. 그때 폭력은 폭력적으로 행동하고 싶은 남들의 성향에 자양분이 됩니다. 폭력은 우리가 쉽게 통제할 수 없는 강력한 독약처럼 확 퍼질 수 있습니다.

때로는 한 사람이나 몇몇 개인의 폭력이 수백만—전 국민—의 의식 속에 두려움과 분노를 촉발할 힘이 있기도 합니다. 삶에 위협이 되는 또 다른 집단이나 또 다른 나라가 있다고 소수 집단은 말할 수 있습니다. 이 소수 집단은 삶에서 그런 위협을 암시하는 어떤 징표를 보았기 때문입니다. 이런 사람들은 실제로 수백만 명의 마음속에 두려움, 분노, 미움을 많이 퍼뜨릴 수 있습니다. 여러분

지금 이 순간 자비롭게 살아가기

이 알기도 전에 그들은 핵무기처럼 파괴적인 무기 사용을 생각하고 있을지도 모릅니다. 역사를 통틀어 이런 상황은 여러 번 일어났습니다. 다른 나라나 다른 집단이 우리 삶에 위협이 된다는 아주 작은 신호라도 보이면 국민이 핵폭탄처럼 파괴적인 무기라도 기꺼이 쓸 태세가 되는 경우가 많습니다. 자신이 무의식적 성향에 지배 받고 바깥 상황에 과도하게 반응하면 쉽게 알아차림과 자애를 잃을 수 있습니다.

자애는 자애에 자양분이 되어 줍니다. 이는 좋은 소식입니다. 그 비폭력 상태에 머무를 수만 있다면, 여러분에게서는 자애와 평화가 발산될 겁니다. 그것은 모든 곳으로 퍼집니다. 여러분의 비폭력은 어느 정도 주위 사람들의 의식을 변모시킵니다. 물론 인간으로서의 여러분은 살아 있는 보살입니다. 여러모로 모든 인간은 생불입니다. 여러분은 남들의 의식을 바꿀 힘이 있는 생불이십니다. 불상과 성스러운 이미지들은 불심, 깨어난 마음, 자애와 연민의 마음을 표현하고 남들의 의식을 바꿀 힘이 있습니다. 오클랜드에서 몇 년 전 공공장소에 야외 제단이 세워졌다는 소식을 들으셨을 겁니다. 이웃들은 처음에 불평했습니다. 그들은 공공장소에 제단이 세워지는 것을 바라지 않았던 겁니다. 그래서 인근 주민들 사이에 회합이 열렸고 주민들은 사당이 부근에 들어선 다음부터 범죄, 폭력,

가정폭력 비율이 현저히 감소했음을 알게 되었습니다. 그래서 그들은 말했습니다.

"이 제단을 유지합시다."

내 앎 속에 일어난 것은, 붓다와 관세음보살의 이미지 같은 이 이미지가 우화로서 디자인된 놀랍고 거룩한 표현, 즉 보는 사람 모두에게 자애, 연민, 평화를 불러일으킬 수 있는 상징물이라는 것이었습니다.

여러분은 표현 그 이상이라는 것이 사실입니다. 여러분은 거룩한 이미지 그 이상입니다. 여러분은 정말 생불입니다. 모든 인간은 생불입니다. 간혹 생불처럼 행동하지 않는 사람도 있지만 그것을 받아들여야 합니다. 그것도 좋습니다. 모든 인간이 본래 생불이라는 것은 대승불교의 전제입니다. 그러니 여러분은 자기 의식을 바꿀 뿐만 아니라 남들의 의식까지 바꿀 힘이 있습니다.

어느 승려에 대한 이야기가 있습니다. 해가 지고 밤이 오자 추워진 그 유행승은 집집마다 문을 두드렸지만 잘 곳을 찾을 수 없었습니다. 마침내 그는 어느 수도원에 이르렀습니다. 문을 두드렸지만 거기 사는 승려들은 대답하지 않았습니다. 그는 정문을 후다닥 뛰어넘어 서둘러 절로 들어가서 누웠습니다. 하지만 여전히 지독히

추웠습니다. 주위를 둘러보니 아름다운 목불상이 있었습니다. 그는 제단으로 가서 목불상을 패어 그걸로 불을 피웠습니다. 다음날 아침 수도원의 승려들이 그 자리에 와서 명상하고 기도를 했습니다. 그런데 목불상이 없는 것이었습니다. 그들은 주변을 둘러보다 이 미친 걸인이 잿더미 앞에서 쿨쿨 자고 있는 걸 보았습니다. 그걸 보고 간밤에 무슨 일이 있었는지 알게 됐습니다. 승려들은 화가 나서 그에게 소리치기 시작했습니다. 젊은 승려들은 정말 분노해서 그를 때리기 시작했습니다. 그들은 말했습니다.

"어떻게 이런 짓을 할 수가 있어? 자네는 불경한 짓을 한 거야. 불상을 부수다니."

그러자 그 유행승이 말했습니다.

"나는 불경한 짓을 한 게 아닙니다. 내가 한 일은 불상을 불태운 것뿐이지만 나 자신이 살아 있는 붓다입니다. 당신들은 지금 진짜 붓다를 학대하고 있는 거라고요."

이건 매우 흥미로운 이야기로, 모든 인간이 생불임을 떠올리게 합니다. 우리 각자에게는 전 세계의 의식을 바꿀 힘을 포함해 많고 많은 소질이 있습니다. 비폭력과 슈라마나 4계를 실천하는 것부터 시작합시다.

12

삶에
감사를

지금 이 순간이 우리가 가진 전부입니다.
지금 이 순간에 온전히 주의를 기울이고 정말로 그것을 껴안고 싶어질 것입니다.
정말 충만하게 살려면 사는 법과 이 순간을 껴안는 법을 배워야 합니다.

때로 살다가 어떤 상황이나 사건이 닥치면 인생이란 것이 얼마나 약할 수 있는지를 생각하게 됩니다. 가끔 내가 혹은 우리와 가까운 사람이 사고를 당하거나 갑자기 아프면 그제야 깨어나서 삶이 얼마나 약하고 덧없는 것인지 깨닫기 시작합니다. 평이하고 관습적인 세상은 인생의 덧없음을 성찰하라고 부추기지 않습니다. 보통은 매일매일 살면서 알아차리지 못함을 편안하게 생각하거나, 대부분은 알아차림을 부정하기까지 합니다. 하지만 명상할 때는 내적 삶에 초점을 맞춥니다. 태어남, 죽음, 삶의 덧없음 같은 주제를 곰곰이 생각합니다. 삶이 아주 희귀하고 소중하다는 것을 인정하기 시작합니다. 삶을 아끼기 시작합니다. 삶이 선물이라고, 우주에서 온 큰 선물이라고 느낍니다.

갑자기 병에 걸린다거나 교통사고가 나는 것 같은 충격적인 상황에 처할 때 삶이 선물임이 가장 절실히 느껴집니다. 그러면 삶이 얼마나 무상하며 약한지를 마침내 깨닫게 됩니다.

우리는 아름다운 꽃처럼 약합니다. 아름다운 꽃을 들고 있을 때 우리는 너무 꽉 잡아 꽃을 망가뜨리지 않으려고 조심합니다. 삶은 풀잎 위의 이슬과 같습니다. 지극히 아름답지만 믿을 수 없을 만큼 섬세합니다. 대大성자 나가르주나는 말했습니다. 매일 아침 깨어나면 간밤에 죽지 않았다는 걸 깨닫고, 놀라거나 말문이 막히게 된다고요. 자기가 아직도 여기 살아 숨 쉬고 있다는 건 그에게 기적이었거든요.

2009년에 미국 에어웨이항공기 1549편이 뉴욕에서 이륙하자마자 문제가 생겼고, 기장은 어찌어찌해 비행기를 허드슨강에 착륙시킬 수 있었습니다. 비행기에 탔던 승객 150명이 모두 참사를 피해 살아남았습니다. 이 사건을 텔레비전으로 지켜본 사람들이 많았고 이 일은 미국 사람들의 마음속에 새겨졌습니다. 이 사건을 바탕으로 영화가 한 편 제작될 정도였습니다. 이 승객들은 일단 확실히 죽음의 손아귀를 벗어났다는 걸 깨닫자 믿을 수 없을 만큼 흥분되었을 것입니다. 그들은 그 순간 아마 인생의 크고 작은 문제들을 모두 잊었을 겁니다. 승객들과 대담해 보니, 이 사건이 삶을 바라보는 방식에 심대한 영향을 주었다고 합니다. 물론 이런 극단적 경험을 겪지 않고도 삶의 매 순간에 감사를 느끼는 것이 바람직할 것입니다.

큰 비극이 없더라도 사람들은 힘들고 단조로운 일을 되풀이하면서 괴롭다고 느낄 수 있고, 매일 똑같은 일을 하면서 아무 낙도 없을 수도 있습니다. 그 힘들고 단조로운 일은 고역을 끝없이 반복하는 데서 온다고 생각되지만, 그런 일들을 하는 순간을 껴안는다면 일이 성취와 기쁨의 원천이 될 수도 있습니다. 살아 있다는 풍성한 기쁨은 그런 평범한 일들을 하면서도 찾을 수 있으며, 매 순간을 살며 평범한 일들을 하면서도 즐거울 수 있다는 것을 깨닫도록 뇌를 재훈련할 필요가 있습니다. 뇌가 유연하다는 것은 좋은 소식입니다.

젊었을 때는 자기가 무적의 존재라고 느낄 수 있으며, 삶이 그지없이 약하고 덧없다는 것을 느끼기가 특히 어렵습니다. 머리로는 우리가 언젠가 죽을 거라는 걸 압니다. 죽음이 때론 갑작스럽고 예기치 못하게 찾아올 수도 있다는 것을 알면서도, 문득문득 오늘

지금 이 순간 자비롭게 살아가기

같은 날이 아주 먼 앞날에도 있을 거라는 느낌이 들곤 합니다. 앞으로 몇 년 안에, 심지어 몇 십 년 안에는 죽음이 찾아오지 않으리라고 생각합니다.

우리는 이렇게 아주 편안한 부정否定 속에서 삽니다. 어떻든, 무의식적으로라도 우리는 죽음이 가깝지 않다고 믿습니다. 자신이 거의 불멸의 존재라고 생각합니다. 존재의 덧없음 같은 주제에 대해 명상하기엔 너무 젊다고 생각합니다. 할아버지, 할머니는 늙어서 언제라도 돌아가실 수 있으니 그분들에게는 이런 것에 대해 명상하는 것이 중요하다고 생각합니다.

하지만 일정 나이에 이르면, 죽음이 조만간 우리 모두가 직면해야 할 진실이라는 것을 온 마음으로 받아들이기 시작합니다. 우리가 지극히 약하다는 사실과 삶이 어쩌면 깨질 수도 있다는 사실이 좀 불편하다고 느껴지기 시작할지도 모릅니다. 그러면 마침내 인생이 덧없다는 사실을 온 마음으로 받아들이게 되고, 고맙다는 느낌이, 이렇게 살아 있는 것이 놀랍게 감사하다는 생각이 절로 일어납니다. 이렇게 살아 있어서 매우 운이 좋다는 걸 깨닫고 조건 없는 성취감과 기쁨을 느낍니다. 이미 삶이라는 가장 소중한 선물을 받았음을 깨닫고 가끔은 단지 아직도 숨 쉬고 있다는 것 때문에 믿을 수 없는 기쁨을 느낍니다.

여러 해 동안 나는 집중 명상 수행을 이끌면서 샌프란시스코 베이 지역의 예스럽고 역사적인 구역인 포인트리치먼드에 있는 우리 공동체 절에서 법문을 해 왔습니다. 종종 법문이 끝나면 나하고 얘기하고 인사하려는 사람들이 길게 줄을 지어 기다립니다. 최근 한 남자분이 내게 다가왔습니다. 그동안 어떻게 지내셨냐고 물으니 그분이 대답했습니다. "아직도 숨 쉬고 있답니다."

간단한 대답이었죠. 그분은 불평하고 있는 게 아니었습니다. 오히려 이는 살아 있다는 기쁨의 자발적 표현이었습니다. 그분의 눈이 반짝반짝 빛나고 입가에 슬쩍 미소가 어리는 게 보였습니다. 그분의 대답이 간단하고, 아주 신나거나 심오한 것은 아니었지만 나는 깊은 인상을 받았습니다.

이런 류의 자발적 기쁨을 여러 전통에서 말하고 있고, 이런 기쁨을 표현하는 시도 많습니다. 하지만 이런 기쁨이 항상 드는 것은 아닙니다. 깊이 성찰하고 가슴이 활짝 열려 있어야 이런 기쁨이 느껴집니다. 특히 삶이 천천히 꾸준히 가 버린다는 걸 알아채고 모든 삶이 얼마나 덧없고 소중한지를 기억하면 그런 느낌이 듭니다. 오래된 개념, 에고, 판단, 정신적 전략 같은 것을 놓아 버리면 그런 느낌이 듭니다.

지금 이 순간 자비롭게 살아가기

우리 중 어떤 사람들은 살다 마주치는 상황이나 사건을 통해서나 기도와 성찰을 통해서 이런 것을 깨닫는 게 아니라 이른바 중년의 위기라는 것을 통해서 깨닫습니다. 시간이 모자라고 우리는 이루길 바랐던 것을 다 이루지 못했다는 것을 깨닫게 됩니다. 꿈을 다 이루지 못한 겁니다. 하려던 일들을 다 하지 못했는데 이제 시간이 모자라는 것 같습니다. 사람들은 중년의 위기를 겪게 되면 가끔 아주 이상한 짓을 합니다. 멋진 빨간 경주용 차를 사들이기도 합니다. 외모를 바꾸어 좀 더 젊게 보이려고 필사적인 시도도 합니다. 몸이 영원히 사는 것이 아니라는 사실을 전적으로 받아들이면 조금 걱정스러워지기 시작하기도 합니다. 항상 하고 싶었지만 여태 못 했던 일을 하기로 할 수도 있습니다. 이 삶이 끝나 버리기 전에 삶을 온전히 사랑하고 싶습니다. 때로는 삶의 의미, 참된 의미를 찾고 싶어서 매우 정신적인 사람이 될 수도 있습니다. 그저 하루하루 되는 대로 살고 싶진 않습니다. 세상에 공헌하고 도움 되는 일을 하여 삶에 의미를 느끼고 싶습니다. 여태 가 보지 않은 곳을 여행하고 싶을지도 모릅니다. 한계를 조금 넘어가서, 흥분하고 결과적으로 삶을 충만하게 살고 있다는 느낌을 받고 싶을지도 모릅니다. 상황에 맞닥뜨리는 대안적 방법은 훨씬 더 정신적인 일을 하는 겁니다. 짐을 챙겨 배낭을 둘러메고 몇 주나 몇 달 동안 자연 속이나 산속이나 바닷가를 쏘다닐 수도 있습니다. 자연을 충만하게 음미할 수 있는 곳으로 떠나는 거죠.

때로 인생은 매우 추상적입니다. 우리가 인생을 하나의 개체로 보기 때문이죠. 사실 인생엔 많은 요소가 있습니다. 시간도 하나의 요소입니다. 우리는 인생을 몇 년으로 셉니다. 일 년에는 몇 달이 있고 몇 주가 있고 몇 날이 있고 시간들이 있고 순간들이 있습니다. 지금 이 순간에 주의를 기울이지 않으면, 우리가 생각하는 인생은, 우리가 충만하게 살려는 인생은 사실 마음으로 지어낸 것일 뿐입니다. 머릿속의 생각일 뿐입니다.

인생을 아끼고 껴안고 충만히 살려면 주의를 기울이는 것부터 시작해야 합니다. 그 해에 주의를 기울이라는 게 아닙니다. 일 년은 너무 기니까요. 한 달도 마찬가지입니다. 오늘, 바로 이 날에 주의를 기울여야 한다는 것입니다. 이 날뿐만 아니라 바로 이 시간, 바로 이 순간에 말입니다. 우리는 오늘을 소중히 하겠다는 서원을 할 수 있습니다. 일단 이 날이 지나가면 다시 만들 수 없고 다시 살 수도 없으니 바로 지금 행동해야 합니다. 이 날은 한 번 가고 나면 영원히 가 버리는 겁니다. 다시 이 날을 살아볼 수는 없습니다. 이미 지나간 세월에서 단 일 초라도 되돌려 올 수 없습니다. 그러니 지금 이 순간이 우리가 가진 전부입니다. 지금 이 순간에 온전히 주의를 기울이고 정말로 그것을 껴안고 싶어질 것입니다. 정말 충만하게 살려면 인생을 사는 법과 이 순간을 껴안는 법을 배워야 합니다.

매 순간을 껴안는다는 생각은 매 순간 현재를 사는 법을 배우는 것 이상입니다. 매 순간을 받아들이려면 어떤 상황이 펼쳐지든 열린 가슴으로 마주해야 합니다. 그것은 모든 상황—좋은 상황이든 안 좋은 상황이든—에 열린 가슴으로 반응하는 법을 배우는 것입니다. 이는 심오하고 대가가 큰 수행입니다.

삶은 매 순간 받아들임을 실천할 많은 기회를 줍니다. 대부분의 경우는 어떤 상황을 마주하게 될지 예견할 수 없습니다. 상식적으로 상황을 타개할 열쇠를 찾을 수는 있겠지요. 아마 십중팔구 오늘 오후에 무슨 일이 있을지는 알 겁니다. 무슨 일이 일어날지 상세히는 모르지만 대충은 압니다. 이따 저녁을 먹을 거라는 걸 압니다. 잠을 잘 거라는 것도 압니다. 하지만 때로는 우리가 해결의 열쇠를 갖고 있지 않은 상황에 부딪치게 됩니다. 그러니 내일, 심지어 당장 오늘 오후에 어떤 일이 기다리고 있을지 절대적으로 알지 못합니다. 걱정과 두려움을 갖고 살아야 한다는 뜻이 아닙니다. 사실은 즐겁게, 열린 가슴으로, 연민과 용기를 가지고 살아야 합니다.

용기와 연민으로 마주쳐야만 할 상황들이 있습니다. 지금은 갑작스러운 재난이나 미지의 미래와 직면하는 순간입니다. 뜻밖의 위기나 난관에 용기로 반응할 수 있다면 우리는 열린 가슴으로 그 순간을 받아들이고 껴안을 수 있습니다. 이에 더하여 의식에는 놀랍고 강력한 전환이 일어나 우리는 아주 심오하게 변화합니다. 온 마음이, 온 의식이 바뀝니다. 우리는 매우 역동적인 방향으로 진화하고 성숙해지며 자라납니다.

도전적인 상황에 항상 반응해야 하는 것은 아닙니다. 고마움과 감사로 상황에 반응해야 할 때도 있습니다. 참 아름답다든가, 위안이 된다든가, 선하다든가, 상서로운 일이 일어났을 때 그렇습니다. 선한 순간들에 대해서는 헌신과 기쁨으로 반응해야겠고 그런 것도 배워야겠지요. 열린 가슴으로 살다가 만나는 모든 축복과 모든 좋은 것에 반응하는 법을 항상 알 수는 없습니다. 때로는 우리 마음에 너무 빠져서 그걸 알아채지 못하기도 합니다. 그러면 여기저기서 쏟아져 내리는 많은 축복과 선한 힘들을 볼 수가 없습니다. 이 특별한 순간들을 고마운 마음과 감사로 기억해야 합니다. 조만간 이런 순간들은 사라질 테니까요.

어딘가를 걷다가 뜻밖에 너무 감탄스러운 것을 만나 존재의 마법에 충격을 받은 경험이 있을 겁니다. 하늘 전체가 환한 주황색으

지금 이 순간 자비롭게 살아가기

로 물든 걸 보면 정말 이건 마법이구나 하는 느낌이 듭니다. 석양, 이 거룩한 표현은 우주의 작품입니다. 때로 사진을 찍고 싶겠지만 스마트폰을 꺼내는 동안 석양은 이미 사라지고 없습니다.

13

가슴은 이미
알고 있습니다

'나'에 대한 집착이 강해질수록
우리가 겪는 고통과 괴로움도 커집니다.

우리는 살면서 많은 정체성을 뒤집어씁니다. 때로는 자신에게 종교적이라거나 정신적이라기보다는 세속적이라는 정체성을 뒤집어씌웁니다. 하지만 사실은, 자신의 그런 면을 받아들이든 아니든, 인간은 모두 정신적인 존재입니다. 자신의 정체성을 정신적이라고 하면 매우 행복한 사람도 있고, 자신의 그런 면을 잊으려고 매우 열심히 일하는 사람도 있습니다. 우리가 갖고 있는 가장 강한 느낌이나 충동이 매우 정신적인 것이므로, 모든 인간은 정신적입니다. 가장 강한 충동은 내면적으로 훌륭해지고 이타적이 되고 초월을 경험하려는 타고난 욕망입니다. 우리는 초월자가 되고 싶어 합니다.

몇 년 전에 나는 그리스도교 수도원인 켄터키 주 바즈타운의 겟세마니수도원을 방문할 기회가 있었습니다. 그 수도원에 몸담고 있던 수사 셋이 나를 맞이하여 약 두 시간을 함께 보냈습니다. 우리는 여러 가지 주제에 대해 이야기를 나누었고, 나는 그들에게 큰 조화와 형제애를 느꼈습니다. 물론 그들은 수도자이다 보니 인간관계나 금전 문제, 결혼 문제 같은 것은 없었습니다. 그들 모두가 이야기하고 싶었던 것은 초월이었습니다. 나는 인간관계, 금전 문제, 정치 문제에 대해 이야기하고 싶어 하는 사람들을 일부러 만나러 다니지는 않지만, 이 수사들 모두가 이야기하고 싶어 했던 것은 초월이었습니다. 오늘날은 사람들 대부분이 초월을 바라지 않기 때문에 좀 실망스럽다고 그들은 말했습니다. 물론 그건 그들의 생각이었죠. 그들은 그들 나름의 종교적 맥락에서, 신과 합일하거나 연결된다는 것으로 초월을 이야기합니다. 몇 년 전에는 프랑스에 있는 선 수련원을 방문한 적이 있습니다. 그때 거기 있던 프랑스 선사가 나와서, 요즘은 초월을 원하는 사람이 많지 않다는 생각이 든다고 말했습니다. 그는 "누구나 미국 사람처럼 살고 싶어 한다."라고 했

가슴은 이미 알고 있습니다

습니다. 이 말이 정확히 무슨 말인지는 모르겠지만, 선사의 이 말만은 잊지 못할 겁니다.

어떤 사람들에게는 초월이라는 것이 개인적 욕구나 에고, 개인적 느낌을 뛰어넘는다는 뜻입니다. 이 모든 것을 넘어서 헌신적이고 이타적인 사랑을 통해 신 등 뭔가 우리 자신보다 훨씬 더 훌륭한 쪽으로 이끌려 간다는 뜻입니다. 신에 대한 개념이 없고, 초월을 만물과 합일하고 존재하는 만물과 하나 되는 공현公現이라고 생각하는 사람들도 있습니다. 그렇지만 우리 모두는 초월을 체험하고 싶다고 깊이 갈망합니다. 더 위대해져서 내적 한계, 두려움, 에고, 탐욕, 자기중심성을 넘어서겠다는 것이 우리의 욕망입니다. 살다 보면 스스로의 걱정을 넘어선 이 비범한 부분을 접할 수 있는 순간들이 있습니다.

여러분도 이 이야기를 들으셨을 겁니다. 이것이 실화인지 우화인지 모르겠습니다. 어떤 사람이 아이를 데리고 서서 기차를 기다리고 있었습니다. 플랫폼에 서 있던 또 한 사람이 갑자기 심장 발작이 와서 플랫폼 저편 선로 위로 떨어졌습니다. 갑자기 저쪽에서 기차 한 대가 다가왔습니다. 그 순간 아이와 서 있던 사람이 선로로 뛰어들어 방금 떨어진 사람의 몸을 덮쳐 보호했습니다. 곧 기차가 왔고 먼저 떨어진 사람이 의식을 회복했습니다. 나중에 떨어진 사람이 그에게 말했습니다.

"일어나지 말아요. 기차가 왔어요."

이는 어찌 보면 상당히 특별한 이야기지만 그리 특별하지는 않습니다. 왜냐하면 누구나 이런 상황에서는 이런 행동을 할 내적 용기가 있으니까요. 이 이야기를 들으니 인간이 정신적이라는 생각이 들고 설령 우리가 그런 충동을 매일 느끼지는 않는다 해도, 최선의 충동은 이타적이고 영웅적이고 용감한 것이라는 생각이 듭니다.

보통은 우리가 자기중심적이라고 느낍니다. 우리는 두려움과 격정에 빠져 길을 잃다가 마침내는 삶의 소소한 일들에 신경을 씁니다. 그렇다 해도 우리 각자에겐 남이 알아주길 기다리는 놀라운 가슴이 있습니다. 전체적으로 인류가 진보하고 있다는 신호가 많이 있습니다. 우리가 항상 서로서로 영향을 주고 있기 때문에 이는 아주 좋은 소식입니다. 우리 모두는 의식 수준에서 눈에 보이는 것이나 인정하는 것보다 더 가까이 서로 연결돼 있습니다. 인간 진화의 현 단계에서는 아직도 각자 에고에 찰싹 달라붙어 있습니다. 우리 모두는 무의식적인 습관의 층이 두꺼워 때에 따라 그걸 정화해야만 합니다. 집단의식 속에는 매우 강력한 탐욕과 자기중심성이 있

가슴은 이미 알고 있습니다

습니다. 어디서나 그걸 볼 수 있습니다. 우리는 몸담은 세상과 사회와 문화에 큰 영향을 받습니다. 그래서 내면으로 들어가 정신적 충동과 접하기가 그렇게 힘든 겁니다. 정신적 충동이란 좀 더 위대해지고 싶다는 충동입니다. 그 충동은 우리가 자애로워지고 두려움과 자기중심성을 놓아 버리길 바랍니다.

모두가 진화된 이상향 사회에 살고 있다고 상상해 보십시오. 모든 이가 붓다인 사회에 살고 있다고 상상해 보시라고요. 붓다가 고속도로에서 차를 몰고 다니고, 붓다가 식당을 운영한다고 말입니다. 식사하려고 식당에 들어갔는데 웨이터들이 모두 붓다라고요. 주위를 두리번거리면 어떤 붓다는 파스타를 주문하고 어떤 붓다는 다른 것을 주문하겠지요. 어떤 붓다는 적포도주를 마시고 취해서 조금 해롱거립니다. 물론 이런 이상향은 온전히 상상입니다. 하지만 우리가 그야말로 사랑으로만 창조된 사회에 태어났다고 상상해 보십시오. 부모와 친척, 친구들과 선생님들을 포함한 모든 이들이 붓다인 사회에서 우리가 성장했다고 상상해 보십시오. 아마 우리 모두는 항상 그 위대한 충동과 접하고 있을 것입니다. 왜냐하면 우리는 항상 두려움 대신 사랑에, 욕심 대신 너그러움에 영향 받고 있을 테니까요.

어느 시대나 사람이면 모두 일종의 이상향을 갈망한다는 것은 사실입니다. 오래된 경을 읽으면 완벽하고 이상향적인 사회나 세상을 갈망하는 인간의 마음이 표현돼 있을 때가 많습니다. 딴뜨라 불교에서는 인도 어딘가에 '오디야나'라 불리는 지역이 있다고 봅니다. 이 왕국의 통치자는 위대한 요가 명상자였습니다. 그는 시민 모두를 불러 모아 명상하라고 했고, 그렇게 하여 모든 이가 깨달음을 얻었습니다. 하지만 이것은 책에 적힌 내용일 뿐입니다. 걱정 마십시오. 우리 생전에 이런 일은 일어나지 않을 테니까요. 이런 일은 결코 일어나지 않을 겁니다. 인간 사회가 모두 깨달음을 얻는 때는 없을 겁니다.

그건 그렇고, 깨달았다는 것이 무슨 뜻인지조차 우리는 모릅니다. 깨달음이라는 것에 관해 이런저런 개념과 생각이 많습니다. 때로는 이 개념들을 놓아 버려야 합니다. 그래서 내면세계를 들여다보면 조금 헷갈릴지도 모릅니다. 여러분은 이렇게 말할지도 모릅니다. "내 안에는 영웅적이라거나 정신적인 충동 같은 게 전혀 없어. 내 눈에 보이는 거라곤 두려움, 탐욕, 혼돈 덩어리뿐이야."

그래요. 두려움, 탐욕, 혼돈이 있지만, 이것이 우리의 참모습은 아닙니다. 우리는 본래 정신적입니다. 인류 역사상 이 시점에 태어났고, 물론 업 조건에 영향 받고 집단적 마음 상태, 즉 세상의 상태에도 영향 받습니다. 하지만 절에 가거나 명상 집중 수행에 가면 때

가슴은 이미 알고 있습니다

때로 이 놀라운 충동을 느끼고 그 충동과 접촉합니다. 사람들은 재미로 혹은 음식을 찾아, 안전을 찾아 집중 수행에 오는 게 아닙니다. 안전하다는 환상은 집중 수행에서 제공되지 않습니다. 사실대로 말하자면, 오히려 안전이라는 개념은 박살납니다.

최근 나는 말레이시아에서 명상 집중 수행을 이끌었는데 그 자리에 모인 모든 사람에게 말했습니다. 집중 수행하러 올 때, 정신적 쓰레기로부터 환영받는다는 상상을 해야 한다고요. 우리는 뭔가를 주워 담으려고 온 것이 아닙니다. 사실은 떨궈 버려야 합니다. 안전하다는 환상을 포함해 환상들을 다 떨궈 버려야 합니다. 우리가 함께 집중 수행에 온 이유는 정신적 충동 때문입니다. 이 충동은 저절로 깨어납니다. 그러면 누구나 정신적 충동이 깨어나고 있다는 좋은 느낌을 갖고 함께 수행하러 옵니다. 우리는 정신적 충동과 접촉하는 공동체로서 함께 앉아 명상할 뿐입니다. 이 충동은 깨어나고 싶어 합니다. 우리는 두려움, 분노, 미움, 탐욕을 놓아 버리고자 합니다. 사랑하고자 합니다. 그러므로 우리 중에는 아주 놀라운 그 무엇과 접하고 있다고 느끼는 사람이 많습니다. 어느 정도는, 그 느낌에 집착할 수도 있습니다. 우리는 진정 자신의 이 버전이 되었으면 하고 느낍니다. 가슴이 열리고 용감하길 원합니다. 모든 이를 용서하고 안전, 확실성, 성공에 관한 해묵은 걱정을 놓아 버리고 싶습니다. 든든하다고 느껴지고 주변 모든 이의 자애와 깨어남에 영향 받는 명상 센터나 집중 수행을 찾습니다.

인류 전체가 진화하고 있다는, 우리가 점점 더 성숙해지고 있다는 고무적인 소식이 있습니다. 사실 인류가 과거에 비하면 상당히 진화했다는 증거가 나오고 있기도 합니다. 수백 년 전에 살았던 사람들의 뼈를 연구해 온 과학자와 학자들이 있습니다. 그들은 사람들 대부분의 뼈에서 피해와 트라우마의 흔적을 찾아냈습니다. 그먼 옛날에도 매일매일 아마도 폭력이 난무했고 전쟁이 터지고 했을 겁니다.

과학자와 학자들은 또 우리 연민과 자애의 둘레가 커져 가고 있다는 것도 발견했습니다. 옛날에는 사람들이 자애를 느끼고 연민을 체험하는 상대가 아주 제한된 몇몇 사람이었습니다. 아마 자기 가족 그리고 같은 종족 몇 명 정도였겠지요. 그런데 지금 우리는 지구 반대편에 멀리 떨어져 사는 사람들과 문화적 가치관이나 종교가 다른 사람들에게도 때로 자애와 연민을 느끼는 시대에 살고 있습니다. 자애와 연민을 느낄 뿐만 아니라 이를 표현하여 그들을 돕는 행동을 실제로 취하기도 합니다. 비록 자신이 종교적이라고 생각하지는 않을지 몰라도 우리 모두는 고귀해지고 싶다는 자연스러운 갈망을 갖고 있습니다. 신과 하나가 되고 싶다거나 합쳐지고 싶다거나 신 말고 궁극적 실재, 신성 혹은 브라만, 뭐라고 불러도 좋은 것과 합일하고 싶다는 욕망이 없을 수도 있습니다. 초월에 대한 우리의 깊은 갈망은 내면적으로 위대해지고 싶고 덜 자기중심적이 되고 싶고 연민이 더 많았으면 하는 욕망에서 옵니다. 초월에 대한 갈망은 우리의 오래된 의식이 세워 놓은 한계로부터 자유로워지고 싶다는 욕망에서 옵니다.

결국 초월이란, 의식 속에 패러다임 전환이 일어난다고 느끼는 이 강력한 체험입니다. 가끔 우리는 두려움과 걱정으로 가득 찬 평소 의식에 너무 지쳐서 패러다임의 전환이 일어났으면 합니다. 이런 전환이 일어나 완전히 다른 시각으로 현실을 보게 되었으면 하는 갈망이 있습니다. 나와 남 사이에 더 이상 구분이 없고 이원성도 없는, 우리가 만물과 하나 되는 현실을 체험하고 만사를 순수하고 거룩하게 볼 수 있었으면 하는 갈망이 있습니다. 이원성이 없으면 더 이상 친구도 적도 없습니다. 우리는 모든 이를 사랑할 수 있습니다.

사람들은 갖가지 방법을 써서 이런 패러다임 전환을 가져오려 했습니다. 의례를 올려 의식意識에 이런 급진적 전환을 가져오기도 합니다. 한 점에 집중하거나 진언이나 단식을 사용하면 경우에 따라서 오래된 마음가짐이나 해묵은 의식이 녹아내리기 시작합니다. 아픔도 고통도 투쟁도 전혀 없는 새로운 의식 영역에 들어섰다고 느껴집니다. 온 세상, 온 우주가 거룩하다는 느낌이 들고 모든 사람이, 살아 있는 모든 것이 붓다라는 느낌이 듭니다. 여러분에게 딴뜨라 의례가 익숙하다면 그 의례를 올릴 때 체험하고자 하는 알아차림 중 하나가 바로 이것입니다. 나는 티베트의 딴뜨라 불교 신자이고 우리는 많은 의례를 올려 이기적 마음을 떨쳐 버리려 하고 모든 이가 성스럽고 거룩하다는 걸 알 수 있는 패러다임의 전환을 체험하려 합니다.

한번은 내가 꿈을 꾸었는데 짐승을 풀어 주는 방생 의식이 있었습니다. 상자가 여러 개 있었고 상자 하나하나마다 누군가가 살려 주고 구하고 싶어 하는 짐승들이 가득 차 있었습니다. 많은 사람들이 연루되어 있었습니다. 한 사람이 소리쳤습니다.

"다들 이리로 와서 상자 하나씩 골라 봐요."

하지만 상자 속에 무엇이 있는지는 알 수가 없었습니다. 꿈속에서도 나는 딴뜨라 불교 신자였습니다. 물론 나는 짐승 모두를 살리고 싶었죠. 짐승들 모두 거룩하니까요. 짐승들은 모두 생불입니다. 그래서 나는 상자 하나를 골랐습니다. 상자 속에 무엇이 들어 있는지 우리는 몰랐습니다. 상자를 여니 바퀴벌레가 득실거리고 있었습니다. 주위를 둘러보니 많은 사람들이 날 쳐다보고 있었습니다. 차마 상자를 던져 버릴 수 없었습니다. 그러면 딴뜨라 불자인 내 이미지가 망가질 테니까요. 이건 내 고백입니다. 몇 년 전에 꾼 꿈인데도 잊을 수가 없습니다. 마침내 나는 상자를 닫고 싫은 티를 내지 않으려고 했습니다. 이 모든 생불들을 만나게 되어 행복한 것처럼 보이고 싶었습니다. 나는 바퀴벌레를 구할 수 있어 행복하다는 표정을 지었습니다. 그리고 꿈은 끝났습니다.

우리의 정체성─정신적 정체성이나 정치적 정체성─이 꿈속에서도 계속 중요한 역할을 하는 것이 재미있지 않습니까. 아마 이 꿈은 10년 전에 꾼 것일 겁니다. 아마 내가 지금은 그때보다 조금 더 진화했겠죠. 그러길 바랍니다. 하지만 이렇게 의례를 통한 패러다임의 전환이 의식에 일어나도 옛 마음이 다시 우위를 점하고, 두려워하고 혼돈스러워하고 자기중심적이고 자기 걱정만 하는 옛 습관이 다시 우위를 차지하게 됩니다.

잠시만 자신을 놓아 버리면 매우 홀가분합니다. 자신을 초월함으로써 우리는 놓아 버립니다. 이게 한 가지 이유가 되어 사람들이 영화 보기를 그렇게 좋아하는 것입니다. 영화관에 가면 누구나 황금색 팝콘을 먹고 있고 코카콜라를 마시며 영화를 봅니다. 모두들 행복합니다. 마치 누구나 초월을 체험하는 현대판 사원 같습니다.

적어도 두 시간 동안은 문제가 모두 잊히는 초월입니다. 영화가 끝나면 문제들은 모두 돌아올 것입니다. 그럼 이건 참된 초월이 아닙니다. 가짜 초월입니다.

우리는 때로 틀린 방법으로 초월을 경험하려 합니다. 참된 초월이란 급진적 패러다임의 전환입니다. 자기중심적인 마음 상태를 놓아 버리고 타인 중심적인 마음 상태로 들어가는 급진적 경험입니다. 하지만 우리의 이기적인 마음은 말합니다. "지금 뭘 말하는지 모르겠어. 이건 아주 이상한 현실이야. 자기중심적인 것을 떠나 타인 중심적으로 간다고? 타인 중심적이란 게 대체 뭐야?"라고요.

하지만 사실 우리 가슴은 이미 알고 있습니다. 가슴과 마음 사이의 갈등을 경험해 보았습니까? 가슴은 무한한 곳으로 가서 더 커지려 하고 마음은 작고 한계가 있는 상태로 그냥 있으려 합니다. 가슴은 누군가를 사랑하려 하는데 마음은 말합니다.

"그 사람을 어찌 사랑할 수 있지?"

가슴은 말합니다. "난 그 사람을 용서하고 싶어."

마음은 말합니다. "그가 너에게 이러저러한 일을 했기 때문에 넌 그 사람을 용서할 수 없어."

가슴은 말합니다. "오! 이 사람은 순수하고 신성해. 난 이 사람을 존중하고 싶어."

마음은 말합니다. "이 사람을 어찌 존중할 수가 있어? 이 사람은 이러이러한데."

마음은 수많은 판단과 함께 옵니다. 우리 가슴은 평화로운 세상을 원하는데 마음은 갈등을 원합니다. 그래서 세계 평화가 오랫동안 공염불처럼 외워 온 일종의 진언 같은 겁니다. 정치가들은 항상 이 말을 화두처럼 던져 왔고 음악가들과 활동가들도 그랬습니다. 음악을 들을 때면 가끔 '세계 평화'라는 말이 나옵니다. 어찌 보면 우리 모두는 '세계 평화'라는 말을 남발합니다. 누가 세계 평화를 위해 열심히 노력해 온 사람이라고 심사위원들이 결정하면 상을 주는 제도가 있습니다. 모두가 세계 평화를 말하지만, 그러면서도 세계는 폭력적입니다. 이 사실을 보면 인간으로서 우리는 일차원적이 아니고 복잡한 생물임을 알 수 있습니다.

인간은 가장 복잡한 생물입니다. 짐승과 다릅니다. 짐승들은 복잡하지 않습니다. 예컨대 개나 고양이는 복잡하지 않습니다. 그들은 상당히 단순합니다. 자고 싶어 합니다. 먹고 싶어 합니다. 보살핌을 받고 싶어 하고 사랑하고 싶어 합니다. 그거면 됩니다. 고차원적 자아와 저차원적 자아 사이의 갈등도 없습니다. 이른바 '고차원적 자아' 대 '저차원적 자아'라는 대립도 없습니다.

지금 이 순간 자비롭게 살아가기

인간으로서 우리는 작은 에고를 갖춘 저차원적 자아가 있고 경우에 따라 깨닫고 합일하고 싶어 하는 고차원적 자아가 있다는 갈등적 사고를 갖고 있습니다. 그래서 우리는 가슴과 마음 사이에 근본 갈등이 있습니다. 마음은 사물을 판단하고 비판합니다. 마음은 문제에 매달리고자 합니다. 마음은 분할하고 싶어 합니다. 반면 가슴은 하나로 모으고, 용서하고, 사랑하고, 승복하고 싶어 합니다. 거의 모든 인간이 평화를 희구하는 이 놀라운 가슴을 가졌습니다. 그리고 인간에게는 나누려 하고 갈등을 빚어 내는 매우 복잡한 마음이라는 것도 있습니다. 마음은 실제로 비참함과 고통에 중독돼 있습니다. 참된 초월이란 정체성이 거룩하든 세속적이든 그런 것과 무관하게 누구나 할 수 있는 보편적 체험입니다. 참된 초월은 자기중심적이니 타인 중심적이니 하는 개념에서도 멀리 떠나 있습니다. 종교적 정체성이 있어야만 그것을 체험할 수 있는 게 아닙니다. 가슴만 있으면 됩니다.

우리의 오래된 현실은 항상 우주의 중심인 '나'가 있다는 것입니다. 이 '나'라는 놈이 인류 역사상 그리고 은하계 전체에서 가장 중요한 개인입니다. 이는 상당히 거친 망상 아닙니까? 이 '나'는 가장 중요한 사람입니다. 나의 고통이 어느 정도는 다른 누구의 고통보다 크고, 나의 배고픔이 다른 누구의 배고픔보다 큽니다. 내 문제

가슴은 이미 알고 있습니다

가 다른 누구의 문제보다 크고, 내 행복이 다른 누구의 행복보다 더 중요합니다. 이렇게 우주의 중심이고 우주에 연결되어 있다는 것이 아주 고통스럽고 아주 아픕니다. 우리가 만든 보이지 않는 감옥과 같습니다. 일종의 고독한 감금입니다. 우리가 묶여 있는 이 상상 속의 개체에는 기쁨도 없고 행복도 자유도 없습니다. 이 '나'에 대한 집착이 강해질수록 우리가 겪는 고통과 괴로움도 커집니다.

타인 중심적으로 산다는 경험은 그 보이지 않는 혼자만의 감옥에서 빠져나와 조건 없는 기쁨과 자유를 맛보는 겁니다. 우리는 더 이상 자신의 안녕에만 연연하지 않습니다. 그렇다고 우리가 순교자가 되어 자기희생을 해야 한다는 것은 아닙니다. 더 이상 개인적 자아에 매달리지 않고 자기 걱정에만 빠져 있지 않는다는 뜻입니다. 실제로 우리는 가슴을 확장하고 있습니다. 자신을 사랑하듯이 타인을 사랑하고 있습니다. 자신을 보살피듯이 다른 모든 이를 보살피고 있습니다.

티베트 전통에는 이러한 참된 초월을 체험하는 데 도움을 주는 수행이 있습니다. 그중 하나는 남과 자기를 똑같이 보고 남과 입장을 바꾸는 것입니다.

처음엔 가슴을 열고 모든 이의 고통을 인정합니다. 아시다시피, 사람들이 겪는 괴로움에는 여러 형태가 있습니다. 몇 가지만 언급

한대도 배고픔, 목마름, 전쟁, 폭력, 학대, 불의, 정신병 등이 있습니다. 인간의 괴로움에는 수많은 형태가 있습니다. 수행을 하면서 우리는 자기중심적으로 머물러 있지 않으며 더 이상 자신에 빠져 있지도 않습니다. 우리는 가슴을 열기 시작하고 마음속에 전 인류가, 심지어 살아 있는 모든 존재가 겪고 있는 숱한 고통과 괴로움을 접하고 있음을 느낍니다. 자신의 고통을 느끼는 방식과 똑같이 그들의 고통을 느끼기 시작합니다. 우리가 다른 모두와 같고 다른 모두는 우리와 같다고 느낍니다. 어떻게 보면 우리 모두 똑같다고 느낍니다. 내가 우주에서 가장 중요한 존재라는 생각을 버립니다. 모든 사람이 똑같이 중요하다고 느낍니다. 모든 이의 괴로움이 똑같이 고통스럽고 모든 이의 행복이 똑같이 중요하다고 느낍니다.

시각화를 하면서 자주 하는 또 다른 수행은 나와 남을 바꾸는 것입니다. 예컨대 식구나 친구같이 좋아하는 사람들을 시각화합니다. 그리고 우리가 적이라고 부를 수 있는 사람들을 시각화합니다. 사실 적은 따로 없습니다. 그 누구도 우리의 적이 아닙니다. 적이란 그저 마음으로 지어낸 것일 뿐입니다. 고통받는 사람들이 있으며, 때로는 그 사람들이 목에 걸린 가시 같은 존재입니다. 십중팔구는 그렇습니다.

가슴은 이미 알고 있습니다

그다음에 전 인류를 시각화합니다. 마음속으로 모든 사람을 품고 그들의 고통과 괴로움을 떠안습니다. 그러고 나서 자신의 행복과 깨달음과 자유와 좋은 것을 모두 그들에게 줍니다.

이것이 패러다임의 전환입니다. 한 순간 전만 해도 에고는 모든 것을 독점하고 싶어 했습니다. 에고는 우리에게 필요한 것만 상관합니다. 자신의 행복만 추구하고 우리가 고통에서 벗어나길 원합니다. 에고는 남들의 행복과 고통은 아랑곳하지 않았습니다. 하지만 여기서 우리는 그 낡은 패러다임을 완전히 바꾸었습니다. 이제 우리는 자신의 슬픔만큼이나 남들의 슬픔에 신경 씁니다.

물론 이는 의식 속의 패러다임 전환을 체험하게 해 주는 하나의 방법입니다. 그 순간 우리는 가슴이 기쁨으로 가득한 것을 느낍니다. 우리는 이런 걸 궁금해합니다.

"내게 무슨 일이 일어난 거지? 더 이상 나 자신에게 관심이 없어. 지금까지는 나 자신과 내 삶만 걱정해 왔는데 말이야. 내 죽음, 내 병만 두려웠어. 내 안전을 잃는 게 두려웠어. 난 이런저런 것을 원했어. 난 내 소유물에 대해, 내가 성취한 바와 별것 아닌 영광에 좀 자부심을 느껴 왔어. 무슨 일이 일어난 거지? 이제 더 이상 나 자신에게 관심이 없어. 남들의 안녕에만 전적으로 관심이 있어. 남들의 고통에 엄청난 공감을 느껴."

이것이 진정한 패러다임의 전환입니다. 우리 모두가 추구해야
할 전환입니다.

가슴은 이미 알고 있습니다

14

헤아릴 수 없는
축복

그럴 때 매일은 축복 가득한 날이 될 것입니다.
매일은 내면을 향한 정신적 여행이 됩니다.

수십 년 간 알고 지내는 중년 남성이 한 분 있는데, 종종 내 법문을 들으러 옵니다. 그분은 살면서 우여곡절이 많았고 지금도 그분이 맞닥뜨리는 도전은 끝이 없는 듯합니다. 살면서 어려운 일이 많기로 손꼽히는 사람들 중 하나입니다. 최근 그분이 베이 지역을 지나는 길에 나를 찾아왔습니다. 어떻게 지내시느냐고 물으니 그분이 말했습니다.

　"매일이 새 날이죠."

상당히 심오한 대답이었습니다. 그분이 이 말을 할 때 나는 그분의 가슴에 커다란 지혜가 있다고 느꼈습니다. 그분의 말처럼, 매일이 모두에게 새로운 날이기도 합니다. 이는 우리가 매일이 새로운 날이라는 것을 스스로 환기하기 위해 마음속에 간직하고 싶어 하는 시각입니다. 매일 깨어나면 무슨 일이 일어날지 정확히 모릅니다. 그날이 어떻게 전개될지 우리는 확실히 모릅니다.

날마다 놀라운 일이 많이 일어날 수 있습니다. 놀라운 일은 괴로운 일일 수도 있습니다. 기분 좋으면서 놀라운 일일 수도 있습니다. 몇 년 전에 신문에 실린 이야기인데 어떤 여성이 일터로 운전해 가다가 빨간 불에 정지했답니다. 그때 갑자기 자살하려는 남자가 건물 7층에서 뛰어내렸습니다. 떨어지면서 그녀가 탄 차를 덮쳤습니다. 그녀는 다쳐서 병원에 실려 가야 했습니다.

이건 참 극적인 이야기고, 이 이야기를 들으면 깨어나서 그날 어떤 일이 펼쳐질지 우린 모른다는 생각이 듭니다. 이 여자분도 일터로 운전해 가고 있을 때 아주 불행한 남자가 곧 자기 차 위로 떨어져 적어도 얼마 동안은 자기 인생이 바뀔 줄은 아마 몰랐을 겁니다.

물론 대부분의 경우는 나날이 평이합니다. 우리는 매일을 그렇게 체험합니다. 하지만 사실 매일매일은 단 한 번뿐이며, 정말 주의를 기울이고 열린 가슴으로 살기만 한다면 놀라운 일, 경이로운 일, 방법, 성장할 기회로 가득 차 있습니다. 물론 날마다 성장할 기회로 포용할 수 있는 기회도 많겠지요. 성숙해지고 진화하고 자애, 연민, 용기를 실천할 기회 말입니다. 특히 정말 정신적 성장에 관심 있다면 말이죠. 이런 기회들은 위안을 주거나 위로가 되지 않을 수도 있습니다.

하지만 주의를 기울이고 가슴을 열면 매일이 수많은 경이 그리고 성장하고 성숙하여 보살이 되고 깨어난 주인공이 될 기회를 갖다줄 겁니다. 비극이나 큰 도전에 직면했을 때 매일 이 모든 사건들을 성장하고 깨어날 기회로 포용해야 한다는 게 아닙니다. 우리가 세상과 매일 맺고 있는 관계와 남들과의 상호작용에서도 많은 기회를 찾을 수 있습니다

우리가 매일 마주치는 상황은 시시각각 계속 바뀝니다. 그래서 불교 전통에서는 세속 팔풍八風—고와 락, 명예와 무명, 칭찬과 비난, 이득과 손실—이라는 개념을 포용하는 겁니다. 이 팔풍 혹은 우여곡절은 본래 예측할 수 없고 덧없는 것입니다. 오래가지도 않습니다. 이 팔풍은 가 버렸다가는 다시 옵니다. 인간으로서 우리는 항상 이러한 우여곡절을 어떤 방식으로든 경험하고 있습니다. 고락을 생각해 보세요. 매일 우리는 고락처럼 끝없고 계속 변하고 잡을 수 없는 팔풍을 경험하고 있다는 걸 인정합니다. 아마 한 순간

지금 이 순간 자비롭게 살아가기

은 즐거움을 경험할지 몰라도 반 시간 후에는 끝내 신체적이나 감정적인 고통을 겪고 말 것입니다. 앞으로 몇 순간에 무슨 일이 일어날지 모릅니다. 우리는 정말이지 항상 이 팔풍을 겪고 있습니다.

칭찬과 비난을 생각해 보세요. 아침에 일어나 "오, 당신 머리 모양이 멋있어."라고 말하는 사람을 만날 수도 있습니다. 그럴 때는 기쁨을 경험합니다. 즐겁고 설렙니다. 으쓱한 느낌입니다. 그러다 누가 나타나 우리의 어떤 점이 싫다고 합니다. 입은 옷이 싫다거나 하는 짓이 싫다고 말입니다. 그들이 우리 별명을 부를 수도 있습니다. 사람들은 서로 별명을 부릅니다. 이건 서로 할 수 있는 아주 파괴적인 일입니다. 서로 별명을 부르는 것은, 알아차리지 못하고 의식이 없기 때문입니다. 이 간단한 예만 보아도 인간 각자가 이 팔풍이라는 조건을 어떻게 겪고 있는지를 알 수 있습니다.

내가 어렸을 때 꽤나 유력한 집안의 아저씨가 돌아가셔서 우리 30명을 불러 망자에게 바치는 의식의 일부로 불경 몇 권을 외라고 했습니다. 옛 경전을 읽다 보니 많은 비유와 이야기들이 있었습니다.

그 이야기 중 하나가 기억나는데, 어느 두 승려가 함께 숲길로 여행하고 있었습니다. 원숭이 두 마리가 뛰어다니는 게 보였습니다. 두 승려 중 한 사람은 운동을 잘하고 아주 민첩하고 힘이 셌습니다. 그 승려는 폴짝폴짝 뛰어다니다가 나무 한 그루에 타고 오르기까지 했습니다. 다른 승려가 말했습니다.

"오, 자네는 참 민첩하고 유연하군. 원숭이처럼 말이야."

나중에 운동을 덜 잘하는 이 승려는 죽어서 500생을 원숭이로 다시 태어났습니다. 친구에게 민첩하고 유연하다고 말했지만, 상대방을 '원숭이' 같은 별명으로 부른다는 것은 심각한 일로, 그는 결국 500생이나 원숭이로 다시 태어났던 겁니다.

물론 이 이야기를 글자 그대로 받아들여선 안 되죠. 이 비유의 핵심은 누군가를 비난하거나 비판하거나 별명을 부른다는 것이 얼마나 그 사람을 망치는 일인지를 보여 주는 것입니다. 한 순간 칭찬을 받을 수도 있습니다. 누군가 우리에게 일을 잘 했다고, 옷을 잘 입었다고 칭찬합니다. 누가 칭찬하면 기분이 어떻죠? 으쓱하고 설레지요. 누가 비판하거나 비난하면 기분이 어떻죠? 슬픈 생각이 들거나 조금 우울해집니다. 감정적, 신체적인 고통을 겪을 때 어떤 기분이 드는지 물어볼 만합니다.

또 팔풍 중에는 이득과 손실도 있습니다. 캘리포니아 주에 있는 우리 공동체는 특히 빅서 지역에 땅을 산 뒤로 이득과 손실을 경험했습니다. 우리 공동체는 수영장과 정자 한 채, 예쁜 오두막 몇 채가 딸린 아주 좋은 땅을 매입했습니다. 그 땅을 살 때 우리는 친구들을 이리로 많이 초청할 거라는 꿈이 있었습니다. 친구들이 와서 명상을 할 것이고 깨달음을 얻을 것이고 수영도 할 거라고 생각했습니다. 수영 후 쓸 수 있는 일본식 사우나까지 있었습니다. 이 모든 걸 한데 합치면 공상은 놀랄 만큼 멋있었습니다. 깨달음, 정신적 깨어남, 수영, 일본식 사우나, 빅서 그리고 삼나무 숲. 우린 모두 마음이 들떴습니다! 우리가 그 땅을 사들인 뒤 나는 거기 가서 하룻밤 머물렀습니다. 마법 같았습니다. 나는 자정 무렵 일어나 밖으로 나갔습니다. 맑은 공기를 마시며 모든 요소들—하늘, 물, 땅—이 살아 있음을 느꼈습니다. 여러분 중 많은 사람이 거기 와서 명상하리라는 생각에 지극한 행복감을 느꼈습니다.

나는 우리의 집중 수행처인 스위트워터 성소를 떠났습니다. 그로부터 이틀쯤 지나, 급한 전화를 받았는데 그 지역에 큰불이 났다는 것이었습니다. 며칠 만에 성소는 그리고 그 땅에 세운 건물은 거의 다 불에 타서 무너졌습니다.

그건 아주 강력한 정신적 가르침이었습니다. 이 일을 당하자 이득과 손실에 대한 가르침이 떠올랐습니다. 이런 세속적 조건이 있고 우여곡절이 있으니, 그런 것에 집착하면 안 되는 것입니다. 그것들은 사라집니다. 때로는 단순한 방식으로 때로는 극적인 방식으로 사라집니다. 우리 공동체는 이득의 기쁨을 경험했습니다. 우리는 이 아름다운 집중 수행처 땅을 산 것입니다. 모두에게는 앞으로 할 일에 대한 계획과 환상이 많이 있었습니다. 그런데 그 직후 그리도 집착했던 아름다운 땅을 잃어버린 겁니다. 이런 상실엔 놓아 버릴 준비가 되어 있지 않으면 때로 걱정, 두려움, 심지어 고통까지 따르게 됩니다. 내가 말하고자 하는 핵심은, 매일 겪는 대부분의 상황이 예기치 못한 거라는 것입니다. 날마다 어떤 일이 닥칠지, 어떤 일이 닥치지 않을지 우리가 절대로 통제할 수 없습니다.

매일 아침 깨어나면 이것이 온전히 새 날이며 이날이 어떻게 펼쳐질지 확실치 않다는 사실을 떠올리고 싶을 것입니다. 오늘 누굴 만나게 될지도 모릅니다. 이걸 안다면 오늘, 사람들과의 상호작용은 과연 어떻게 전개될까요? 비난, 칭찬, 이득, 손실을 겪을 것입니다. 아니면 이날 일련의 기적과 축복이 펼쳐질지도 모르고 대부분의 경우 그럴 겁니다. 매일이 헤아릴 수 없는 축복으로 가득 차 있다는 것을 기억해야 합니다. 때로 우리가 해야 할 일은 가슴과 마음을 새로이 깨끗이 하고 우리 안의 악마들, 두려움과 걱정을 놓아 버리는 것뿐입니다. 만물을 이 생―에고보다 훨씬 크고 개인적 삶보다 훨씬 크고 우리의 희망과 두려움보다 큰 삶―의 아름다운 표현으로 보기 위해 가슴을 활짝 열 수 있습니다. 그러고 나면 매일매일이 수많은 축복으로 가득하다는 걸 알 수 있을 겁니다. 그러면 이런 축복에 대해 고마움을 표할 수 있을 것입니다. 모두가 우리가 어떤 의식 영역에 몸담고 사는가에 달려 있습니다.

옛날에 낙관주의자와 비관주의자가 길에서 서로 만났습니다. 그들은 슬슬 대화에 들어갔습니다. 낙관주의자가 아주 기뻐하며 말했습니다.

"우리가 사는 이 세상이, 가능한 세상 중 가장 좋은 세상이라는 걸 알고 있었나요?"

비관주의자는 그 자리에 침울한 표정으로 앉아 있다가 말했습니다.

"바로 그게 난 두려워요."

우리 자신이 이 비관주의자처럼 되어 우리 안의 악마, 즉 두려움, 걱정, 조바심의 악마가 완전히 마음을 움직이게 할 수도 있습니다. 그래도 우리는 어쨌든 매일 분투한다고 느낍니다. 삶에 마음을 열어 이 낙관주의자처럼 된다면, 이런 축복을 모두 환영할 수 있습니다.

이는 그저 추상적 사고일 뿐이 아니라 진실입니다. 매일매일이 많은 축복으로 가득합니다. 내가 좋아하는 의식 중 하나가 음식을 축복하는 것입니다. 현대 문화에서는 많은 사람들이 그렇게 하지 않습니다. 옛날 문화 전통에서는 사람들이 항상 음식을 축복하는 의식을 행했습니다. 어떤 축복은 매우 종교적인 함의를 띠지만 음식 축복은 종교적으로 함축된 의미가 있어야만 하는 것이 아닙니다. 그저 단순한 의식일 뿐일 수도 있습니다. 커피나 홍차를 마시거나 식사를 하려고 앉아 있을 때 잠시 멈추고 우리만의 즉흥적인 의식을 할 수 있습니다. 가슴에 저절로 뭐가 느껴지는지를 말할 수 있습니다. 우주가 식탁 위의 음식을 준 것에 감사할 수도 있습니다. 또한 노동으로 이 음식을 먹게 해 준 모든 이들에게 감사할 수도 있습니다. 굶주리지 않고 먹을 것이 있다는 사실에 지극히 감사할 수도 있습니다. 수많은 세상사람들이 분투 노력해도 음식을 찾지 못하고 있습니다. 그들은 오늘 저녁에 먹을 것이 있을지 모릅니다. 예쁜 아이들을 먹일 방도도 없습니다.

보리심, 즉 깨어난 마음을 불러내며 하루를 시작하고 싶을 수도 있습니다. 보리심은 불교의 개념이지만 불교만의 것은 아닙니다. 보리심은 불교보다 훨씬 큽니다. 보리심은 보편적 정신성입니다. 깨어난 마음은 인간의 정신성입니다. 불교도여야만 보편적 가슴을 체험하는 것은 아닙니다. 보리심, 깨어난 가슴, 이는 무엇보다 심오한 인간의 체험입니다. 보리심, 즉 깨어난 가슴을 설명하는 많은 방법과 이론들이 있는데 우리가 그런 걸 일일이 접할 필요는 없습니다. 내 친구인 티베트 라마는 최근에 말했습니다. "우리 티베트 사람들은 단순한 것을 아주 복잡하게 만드는 특별한 재주가 있어."

지금 이 순간 자비롭게 살아가기

아주 현명한 말입니다. 말이 됩니다. 그 말이 맞습니다. 이것이
재주인지 아닌지는 모르겠지만 우리 티베트 사람들은 단순한 것
들을 정말 복잡하게 만드는 문화적 경향이 있습니다. 그러면 사람
들은 이해할 수 없으니까 이것이 매우 심오할 거라고 생각합니다.

보리심은 정말 단순합니다. 모든 이론적 주의주장을 단칼에 잘라
내는 것입니다. 인간의 가슴은 아주 단순합니다. 삶에 그리고 삶의
모든 표현에 기꺼이 가슴을 열어젖히겠다는 각오입니다. 보리심은
남이 아니라 우리 자신에게 열망과 서약을 견지한다는 뜻입니다.
우리는 매일을 충만하게 살겠다고 서약했고 두려움, 분노, 저항을
갖고 살지 않을 것입니다. 팔풍을 포함한 모든 일을 얼마든지 환영
할 준비가 돼 있습니다. 누구와든 기분 좋은 만남뿐만 아니라 기분
나쁜 만남도 있습니다. 아니면 앞으로 영혼의 단짝이 될 사람이 함
께 저녁을 먹으려 할 수도 있습니다. 핵심은 이 의도를, 도전 상황
이든 삶의 표현으로서 위안을 주는 상황이든 모든 상황에 대해 가
슴을 열겠다는 이 본능적 열망을 견지하는 것입니다. 그것들 하나
하나에 대해 때로 공격, 분노, 두려움, 저항, 불신, 판단일 수 있는 습
관적 패턴이 아니라 자애, 용기, 열린 가슴으로 화답하겠다는 의도
를 견지합니다. 방어하거나 공격하지 않겠다는 의도를 견지합니다.

아침 일찍 깨어나면 그 순간이 가장 중요한 순간인 듯합니다. 내가 자라난 문화에서는 사람들 대부분이 햇빛이 빛나 집안까지 환해지면 그것이 그날의 가장 마법적이고 거룩한 순간이라는 믿음을 가졌습니다. 티베트 민족은 조금 미신적입니다. 그들은 석양을 좋아한 적이 없습니다. 석양은 죽은 자의 태양이라고 생각했습니다. 석양을 바라보는 것을 좀 두려워하기까지 했지만 아침은, 특히 해 뜰 때는 좋아했습니다. 그때가 그들에게는 기도를 외우는 때입니다. 날마다 매우 특별하고 어떤 정신적 의미가 있는 순간이 있기라도 하듯이 말입니다. 아침 일찍 일어나면 그 시간을 가장 중요하게 받아들일 수 있는, 가장 거룩하고 성스러운—성스럽다는 말이 무슨 뜻이든— 순간이라는 것이 내 생각입니다. 그러니까 깨어나는 순간에 가장 먼저 하고 싶은 일은 보리심을 불러내는 것입니다.

매일 아침 깨어나 의식이라는 집에 처음 불러들이는 생각과 처음 느끼는 느낌과 처음 드는 충동이 두려움, 걱정, 근심, 커피 첫 잔이나 날씨나 교통 사정에 대한 생각이 아니라는 습관을 키워 간다면 놀랍지 않을까요? 그보다 우리가 의식의 집에 처음 불러들이는 생각은 보리심, 즉 깨어난 가슴을 키우자는 것입니다. 이 깨어난 가슴은 궁극적 의미에서 불교적인 것이 아닙니다. 불교에서 보리심을 가르치지만 보리심이 불교적인 것만은 아닙니다. 보리심은

지금 이 순간 자비롭게 살아가기

인간의 정신성입니다.

그러니 아침에 잠에서 깨어 의식의 집에 처음 불러들이는 생각
이 보리심이라고 상상해 보세요. 오늘이 새 날이라는 생각이 깃든
자기 사랑과 자기 서약에 대한 이 열망, 이 본능적 열망. 이 새로운
날 우리는 기대와 선호를 기꺼이 모두 놓아 버릴 마음이 들 것입
니다. 인생의 모든 상황을 열린 가슴으로 기꺼이 받아들일 수 있을
것입니다. 팔풍을 맞이하겠지만 어느 것을 만나게 될지 정확히 모
릅니다. 그렇지만 열린 가슴, 용기로 그 모든 상황을 맞을 것이고
이기적 옛 습관으로 반응하지 않겠다고 서원합니다. 그럴 때 매일
은 축복 가득한 날이 될 것입니다. 매일은 내면을 향한 정신적 여
행이 됩니다. 매일은 다르마, 즉 내적 깨어남으로 가는 길, 내적 해
방으로 가는 길이 되는 것입니다.

헤아릴 수 없는 축복

15

궁극적
깨어남

'끌어당김의 법칙'이라는 것은
내가 지금까지 걸어온 수행 길과 모순되거나
심지어 정반대 입장일지도 모르는 걸로 판명되었습니다.

지난 1월인가 2월초인가에 많은 사람들이 롱첸빠 스님의 기일을 지냈습니다. 롱첸빠 스님은 티베트 전통에서 잘 알려진, 14세기에 살았던 족첸[7]의 스승입니다. 그분은 정말 티베트의

---

7) 대원만 수행이라고도 하며 존재의 본래 상태를 찾기 위한 티베트불교 가르침의 전통. 티베트불교 닝마파와 티베트 전통 종교인 뵌교의 중심 가르침. 해탈에 이르는 아홉 가지 길 중 가장 높고 결정적인 수행법.

정신적 전통의 심오하고 빛나는 지혜를 잘 구현하고 전형적으로 보여 준 분입니다. 여러분도 알다시피 나의 모국 티베트는 금강승, 딴뜨라 불교 등 값을 매길 수 없이 귀중한 불교 전통을 잘 보존하고 또 정신적인 지혜와 수행의 새로운 전체를 발전시켜 온 아주 정신적인 나라입니다. 여러모로 티베트 민족은 상당히 정신적이라 할 수 있습니다. 1960년대부터 1990년대를 거쳐 지금까지도 서양 사람들에겐 티베트인들이 정신적으로 깨달은 사람들이라는 환상이나 투사가 있습니다.

1990년대에 누군가가 내게 〈스타워즈〉 비디오테이프를 갖다주면서 "이걸 보세요. 영어를 배울 수 있는 좋은 방법이에요."라고 말했습니다. 나는 그 영화에서 한 일화를 보고 깜짝 놀랐습니다. 아주 귀여운 이워크들이 갑자기 등장해 티베트어를 하기 시작합니다. "안녕하세요? 지금 몇 시인가요?"

영화에 갑자기 티베트어가 왜 나올까 궁금했습니다. 아마 이 영화를 만든 사람들은 티베트인들이 매우 친절하고 비범한 민족이라고 생각했을지도 모릅니다. 티베트인들이 친절하긴 하지만 이워크들처럼 항상 사랑스러운 건 아닙니다. 티베트인들에게도 다른 사람들처럼 에고, 두려움 등 인간적인 신경증이 다 있습니다. 하지만 티베트 스승들은 전 인류에게 도움이 될, 아주 놀라운 지혜의 유산을 남겼습니다. 예를 들어 롱첸빠 스님의 글은 모든 상황, 모든 삶의 조건들이 우호적으로 보일 수 있다고 말합니다. 실제로 우리가 일련의 태도와 견해를 실천하거나 삶과 현실을 보는 시각을 완전히 바꿀 수 있다는 것입니다. 달리 말해 의식을 180도 바꿀 수 있다는 것입니다. 이럴 수만 있다면 우리가 경험하는 모든 상황이 우호적으로 보일 수도 있습니다. 유리하고 기분 좋은 상황뿐만 아니라 상실, 이별, 죽음, 사랑하는 이들의 죽음, 재산 손실, 건강 상실같이 아주 고통스럽고 상처를 남기는 어려운 상황까지도 모두 우호적으로 보일 수 있습니다.

아마 우리는 살면서 어려운 상황—그것이 무엇이든—에 부딪혀 그것과 싸우고 있을지도 모릅니다. 지금은 저절로 해결될 수도 있는 난관에 부딪혀 있습니다. 그리고 이젠 살면서 부딪힌 모든 난관을 극복했다고 생각하며 축하할 여유도 있습니다. 하지만 조만간 인생이 언제나 달가운 것만은 아닌 또 다른 선물을 주게 됩니다. 그러다가 마주쳐야만 하는 또 다른 난관, 또 다른 도전이나 괴로운 상황이 생깁니다. 우리 중 많은 사람들은 언제나 인생과 싸우고 있다고 느낍니다. 항상 도전에 맞서 싸우고 있다고 생각합니다. 때로 그 도전은 건강 문제나 가족 문제처럼 큰 것일 수도 있고, 자잘한 도전들도 항상 있습니다. 오늘 날씨가 마음에 안 들 수도 있고 고속도로 주행 중 갑자기 타이어에 펑크가 나기도 합니다.

그렇지만 살면서 생기는 모든 조건은 본래 무상한 것입니다. 영속하는 것이 아닙니다. 어려운 조건들은 영속되지 않습니다. 마찬가지로, 마음에 드는 조건들, 위안이 되는 조건들도 영속하지 않습니다. 그러니까 위안이 되고 행복과 안전감을 주는 조건들을 항상 놓아 버려야 하는 겁니다. 그것들은 조만간 변할 수밖에 없으니까요. 만성병처럼 쉽게 사라지지 않는 조건도 있습니다. 하지만 그럴 때도 우리가 겪는 거의 모든 상황—심지어 오래 지속되는 어려운 조건까지—에 대한 마음 상태와 시각과 태도를 바꿀 수는 있습니다.

최근 누군가가 내게 편지를 썼는데, 자살을 생각하고 있는 우리 공동체의 누군가와 가끔 시간을 보내느냐고 묻는 내용이었습니다.
나는 20대인가 30대였던 이 젊은이와 만났습니다. 아주 현명하고 똑똑한 사람이었습니다. 자기가 참 운이 좋고 살면서 축복도 많이 받았다고 느끼고 있었지만, 자살 생각도 하고 있었습니다. 자기가 인생에서 아주 큰 잘못을 한 것 같은 느낌이 든다는 것이었습니다. 나는 그녀에게, 내면으로 들어가서 자살 생각의 뿌리가 뭔지 묻고 찾아보라고 했습니다. 물론 이런 말도 했습니다. 밖으로 나가 친구들, 친척들, 전문가들을 포함한 사람들로부터 얻을 수 있는 도움은

다 얻으라고요. 자신을 믿고 삶을 믿어야 한다는 말도 했습니다.

"만약 당신의 삶, 강함, 힘, 이를 극복할 능력을 믿는다면 언젠가는 아주 다른 마음 상태—삶에 방해되는 것들이 전혀 없는 상태—에서 살게 될 것이며, 심지어 기쁜 느낌을 경험하고 생의 의미도 찾게 될 겁니다."

기본적으론 이렇게 말했습니다.

"기다려요. 좀 기다릴 수 있나요? 무슨 일이 일어날지 우린 정확히 몰라요. 조건들은 변하거나 변치 않겠지만 당신의 의식 상태는 변합니다. 의식 상태는 바뀔 수 있습니다."

나는 그녀에게 이런 비유를 했습니다. 머나먼 고장, 예를 들어 아이슬란드, 노르웨이, 알래스카 같은 곳으로 여행을 떠나《노선 라이츠》[8]에 나오는 마법 같은 풍경을 포착하려 한다고 상상해 보세요. 그럼 아주 조바심이 날 겁니다. 아마 반 시간 더 기다려야 할지도 몰라요. 하지만 그녀는 "아, 난 여기 이미 세 시간 동안 와 본 적이 있어요. 이젠 여길 떠나요."라고 말했습니다. 그러자 우린 둘 다

---

8) 필립 풀먼이 쓴 청소년 판타지 소설로 1995년 영국의 스콜라스틱출판사에서 나왔다. 주인공 라이라 벨라쿠아가 사라진 친구 로저 파슬로와 감옥에 갇힌 삼촌 아스리엘 경을 찾아 북극까지 가는 내용으로, 모든 줄거리가 평행 우주에서 펼쳐진다.

웃기 시작했습니다. 유머는 언제나 좋은 것입니다. 이것이 좋은 비유인지 아닌지는 모르겠지만, 골자는 우리가 좀 기다려야 한다는 겁니다. 난 또 이런 말도 했습니다.

"우린 그저 조금 기다려야 해요. 언젠가는 깨어나게 될 테고 그럼 이 내적인 암흑에서 벗어날 수 있을 겁니다. 당신은 이 생에서 선함과 아름다움을 보게 될 것입니다. 하지만 조금 기다려야 해요. 자신을 믿으세요. 그리고 계속 긍정적이고 희망적인 태도를 유지하세요."

모든 조건은 대부분의 시간 동안 변하고 있습니다. 어느 순간 우리는 매우 건강하고 사랑에 빠질지도 모릅니다. 그러다가 어느 날 우리가 그리 건강하지 않다는 걸 알게 되거나, 제정신을 차리고 더 이상 사랑하지 않게 됩니다. 이런 일은 항상 일어납니다. 한 순간은 젊고 건강하지만, 다음 순간은 거울을 보고 우리가 나이들고 있음을 보게 됩니다. 우리는 궁금해합니다. "이런 일이 어떻게 있을 수 있지? 내가 아주 젊은 줄 알았는데 거울은 거짓말을 하지 않는군."

거울은 아주 무정할 수도 있습니다. 거울은 우리의 노화 과정을 가감 없이 집어냅니다. 내가 영어를 배우면서 'mortified(초주검이 되다)'라는 단어를 처음 만났을 때가 기억납니다. 그때 이 단어가 들어갔던 예문은 "그녀는 이마에 주름을 발견하고 초주검이 되었다."였습니다.

당장 누리고 있는 이 삶조차도 무상합니다. 이 몸도 무상합니다. 조만간 몸은 무너질 겁니다. 그렇다고 모든 것이 조만간 변한다 하여 늘 두려워 겁먹어야 한다는 것은 아닙니다. 대신 삶의 모든 표현—계속 변하는 조건들의 본성을 포함하여—에 가슴을 여는 법을 배울 수 있습니다. 살면서 일어나는 모든 일—괴로운 일까지도—을 가능하면 축하할 수 있어야 합니다.

태국의 불교 스승 아잔 차 스님은 무척 존경받는 분이라 돌아가셨을 때 100만 명쯤이 와서 그분의 업적과 유업에 경의를 표했습니다. 태국 왕족까지 왔습니다. 한번은 그분이 살아계실 때 누군가가 비싼 골동품 찻잔을 선물한 적이 있습니다. 중국 명나라 때 만들어진 찻잔 같았습니다. 그분은 모두가 보는 앞에서 그 잔을 집어들더니 말씀하셨습니다.

이 잔은 이미 깨져 있습니다.

잔이 이미 깨져 있기 때문에 우리는 언젠가 잔이 깨지면 어떡하지 하는—언젠가는 깨지겠죠— 집착을 놓아 버릴 수 있습니다. 동시에 그 잔을 누리고 그 잔으로 차를 즐겨 마실 수 있습니다. 여러모로 만물은 이미 깨져 있습니다. 우리 모두가 깨져 있습니다. 온 세상이 깨져 있습니다. 둘러보면 깨지지 않은 것을 찾을 수 없습니다. 깨지지 않은 것을 하루종일 찾아도 결국은 본래 깨져 있지 않은 것은 아무것도 없을 겁니다. 지구 자체가 부서져 있습니다. 모든 것이 부서져 있고 모든 것이 언젠가는 해체되고 조각날 것이기 때문에, 사물에 대한 불건전한 집착을 놓아 버릴 수 있을 뿐만 아니라 모든 것을 즐길 수 있는 겁니다. 지금 가진 것을 즐기세요. 삶에서 일어나는 모든 조건을 열린 마음으로 즐기세요.

우호적으로 보이는 모든 조건을 체험하는 방법을 배우는 것은 의식을 바꾸는 능력과 연관돼 있습니다. 의식을 그야말로 거의 180도 바꾸어 현실 전체를 새로운 시각에서 볼 수 있습니다. 새로운 시각이란 그동안 익숙했던 시각과는 완전히 다른 시각입니다. 언젠가는 내면이 홀가분해져서 무슨 일이 일어나든 가슴이 활짝 열릴 수도 있습니다. 언젠가는 음악을 연주하고 길거리에서 도취한 듯 춤을 출지도 모릅니다. "돈을 다 잃어버렸다는 것을 난 방금 알았어." 라고 말할지도 모릅니다. 물론 거의 상상할 수 없는 일이지만, 그런 일이 있을 수는 있습니다. 옛날 신비주의자들은 의식을 완전히 180도 뒤집을 수 있었습니다. 그들은 전혀 다른 마음으로, 시각으로 현실 전체를 볼 수 있었습니다. 그들은 가슴을 열고, 일어나는 모든 일을 개인적인 선호, 선택, 호오보다 훨씬 큰 현실의 표현으로 포용할 수 있었습니다.

　내 친구 하나가, 19세기에 살았던 티베트의 비범한 신비주의 수행자이자 마하싯다('큰 스승'이란 뜻)인 빠뚤 린포체의 가르침을 읽고 있었습니다. 내 친구의 말로는, 우리가 나쁘다고 생각하는 모든 것이 그에겐 좋고 우리가 좋다고 생각하는 모든 것이 그에겐 나쁘다고 빠뚤 린포체가 말했다고 합니다. 그는 또 일부러 난관과 어려움을 불러들이는 것에 대해서도 이야기했습니다. 티베트 스승들 중 어떤 사람은 오래 살고 성공하고 돈을 많이 벌게 해 달라고 기도하지 않았습니다. 그들은 도전과 어려움이 오게 해 달라고 일부러 기도했습니다. 이것이 얼마나 관습에 어긋나는 일인지 아십니까? 아마 그들은 문제가 생겨 자신들의 자기중심성, 선호를 뛰어넘고 내면적으로 성장하며 정말 가슴이 열리고 용기 있고 이타적인 사람이 되는 법을 배울 수 있는 영웅적 기회로서 도전을 포용할 수 있길 기도하고 있었을 겁니다. 아마 그들은 그 난관을 이용해 궁극적 깨달음을 체험했을 겁니다. 궁극적 깨달음이란 모든 바람과 두려움을 넘어서 가는 겁니다. 우리도 사람들이 나쁘다고 생각하는 것을 좋다고 봄으로써 의식을 180도 바꿀 수 있습니다. 우리가 현실 패러다임을 완전히 전환하는 데 도움이 되는 시각이 많이 있습니다.

최근에 누가 묻더군요. '끌어당김의 법칙'에 대해 얘기해 줄 수 있냐고요. 나는 이 법칙을 잘 모르지만, 여러분 중엔 이 법칙을 잘 아시는 분들이 많은 것 같은데요. 나는 이 법칙을 좀 연구해 보았습니다. 그랬더니 '끌어당김의 법칙'이라는 것은 내가 지금까지 걸어온 수행 길과 모순되거나 심지어 정반대 입장일지도 모르는 걸로 판명되었습니다. 불교 전통의 수행 길은 마음을 다해 일부러 모든 욕망을 채우려 노력하는 것이 아닙니다. 의식 속에 돈, 성공, 관계, 건강 등을 애써 주입하는 것이 아닙니다. 그와는 정반대입니다. 수행 길은 모든 난관을 기회로 여기려 하는 길입니다. 인생의 모든 난관은 축복이 될 수 있습니다. 돈이 없다는 조건도 축복일 수 있습니다. 성공하지 못했다는 것도 축복일 수 있습니다. 물론 세상에 나가서 자기 앞가림을 할 만큼은 살아야겠죠. 하지만 앉아서 몇 시간 동안 계속 명상하면서 이 모든 세속적 영광을 자기에게로 끌어당기려 한다면 잘못 짚은 것입니다. 수행의 길이란 정말 그런 것이 아닙니다. 수행의 길이란 가슴을 열고 연민을 갖는 법을 배우는 겁니다. 세상의 기준으로 부자든 아니든, 존엄성을 잃지 않고 참된 성취를 찾는 것입니다. 어느 정도까지는 모든 조건을 넘어가서 가슴을 열고 존엄한 채로 사는 능력입니다.

한때 나는 산타크루즈 산중에 있는 아름다운 불교 명상 센터에 살았습니다. 그곳은 아주 아름다운 센터였고 놀라운 공동체여서 거기 사는 게 정말 좋았습니다. 거기 수행하러 온 사람 중에 여자분이 있었는데, 이른 아침마다 그녀가 우는 소리가 들렸습니다. 보통 아침에 수행을 하면서 티베트어로 아름다운 기도와 염송을 다 하고 난 뒤면 꼭 우는 것이었습니다. 나는 그녀가 수행이 너무 좋아서, 아니면 연민에 겨워서 우는 줄 알았습니다. 그런데 어느 날 그녀가 말했습니다.

"나는 남자친구가 필요해서 우는 거예요. 남자친구를 표현하는 데 도움 되는 진언을 알려주실 수 있나요?"

난 말했습니다. "미안하지만 그런 진언은 없습니다."

부, 번영, 유리한 상황을 표현하는 데 도움이 되는 진언은 없습니다. 진언은 우리의 자기중심적 욕망과 욕구를 사물화, 고착화하기 위한 것이 아닙니다. 진언은 자애, 연민, 알아차림을 키우기 위한 깨우침입니다.

일상생활에서 롱첸빠와 그밖의 티베트 스승들이 표현하려 했던 것을 경험하는 데 두 가지 방법을 쓸 수 있습니다. 즉 심오한 정신적 체험이라고 불러도 좋은 경지를 체험하는 두 가지 방법입니다. 하나는 시각을 바꾸는 방법을 배우는 것이고, 또 하나는 승복하는 법을 배우는 것입니다. 시각을 바꾼다 함은 기본적으로 삶과 현실에 대한 근본 철학, 근본 견해를 바꾸는 것입니다. 그야말로 의식을 180도 전환하여 우리가 이제껏 불리하다거나 부정적이라고 보았던 것을 잠재적으로 긍정적인 것으로 보는 겁니다. 병, 이별, 상실—보통 불운이고 불리하다고 보는 조건들, 없애려 하거나 피하려는 조건들—이 갑자기 축복이 됩니다. 우리는 이렇게 생각할 수 있습니다. "이건 어디선가 온 축복이야. 어쩌면 삶이 아니면 우주가 이런 축복을 주었는지도 몰라. 이 고통으로, 이 병으로, 이 이별로, 이 상실로 인해 내가 성장하는 법을 배울 수 있으니까. 나는 내면으로 들어가 집착 없음과 놓아 버림을 실천하는 법을 배울 수 있어. 아마 조건 없는 행복, 외부적 원인과 조건에 구애받지 않는 행복을 찾을 수 있을 거야."라고요.

붓다를 포함한 여러 큰 스승들이 조건 없는 행복을 얘기했습니다. 붓다는 두 가지 행복이 있다고 했습니다. 일시적인 행복과 조건 없는 행복입니다. '조건 없는 행복'은 깨어난 의식에서 오는 행복입니다. 이 행복은 외부 조건에 좌우되지 않습니다. 아니면 고통을 포용하여 남들이 겪는 고통과 괴로움을 더 잘 이해할 수 있습니다.

이따금 우리는 자신의 신체적 고통에 대해 말하는 사람들, 사랑하는 이들이나 친구들을 만납니다. 그렇지만 자신의 삶 속에서 직접 신체적 고통을 체험해 보지 않았다면, 신체적으로 고통스럽다는 것이 무언지 완전히 알 수가 없습니다. 일종의 지적이고 정신적인 공감이나 연민을 느낄지는 모르나 마음을 활짝 열고 남이 겪는 신체적 고통을 정말 인정할 수는 없을 겁니다. 하지만 우리가 자신의 신체적 고통을 불리하고 부정적인 것이 아닌, 축복으로 여긴다면 고통을 놀라운 수행 길 삼아 그것을 통해 남들을 향한 연민을 키울 수 있습니다. 이것이 명상을 함으로써 내적으로 자유롭고 완전한 해방을 얻고자 하는 사람들의 이야기입니다. 편안할 땐 이것이 잘 안 되다가 불운한 일들이 닥쳐와 모든 걸 잃어버리고 나면 억지로라도 내적으로 온전히 해방되어 완전히 행복해지는 것입니다. 다음에 우리가 춤추고 노래한다면 그건 크게 승진했든가 복권에 당첨되었을 때일 겁니다. 아니면 모든 걸 잃었기에 지극한 행복 속에서 춤추고 노래하는 것일 터입니다.

모든 조건이 우호적으로 보이는 심오한 해방을 체험하기 위해 우리가 시도할 수 있는 또 하나의 방법이 승복입니다. 우리는 사물의 지금 이대로의 모습에 승복합니다. 모든 상황에 승복합니다. 이건 완전히 수동적이라는 얘기가 아닙니다. 실제로 우리가 삶을 통제하지 못한다는 것을 마음 깊이 안다는 이야기입니다.

근본적으로 "내 인생은 내 쇼다."라는 생각은 망상임이 판명 났습니다. 내 인생은 누군가 다른 사람의 쇼라고 판명 났습니다. 깨어나서 '내 삶은 내 쇼가 아니다.'라고 깨닫는 것은 황당한 소식입니다. 온 우주가 내 쇼는 아닐지라도 적어도 내 인생은 내 쇼라고 우리는 보통 생각합니다. 우리는 일종의 우주의, 업의 요원으로 삶을 만들어 내며 그러므로 삶을 100퍼센트 통제해야만 합니다.

그런데 실제로 내 삶은 나 아닌 누군가 다른 사람의 쇼임이 판명났습니다. 그 사람이나 그것이 뭔지 우린 모릅니다. 굳이 이름 붙이지 않는 것이 좋습니다. 하지만 정 이름 붙이고 싶다면 신성한 쇼, 우주의 릴라, 신성한 유희라 하겠습니다. 우리는 그저 어쩌다 보니 이 춤의 일부가 된 것이고 그래서 삶에서 일어나는 모든 일은 우주의 춤, 신성한 유희의 일부인 것입니다. 인생에서 일어나는 일에 대해 우리는 거의 영향을 줄 수 없습니다. 그건 신성한 쇼의 일부일 뿐입니다. 우리가 불자라면 이를 두고 커다란 공성의 유희가 펼쳐지는 것이라고 말할 것입니다. 불자가 아니라면 이것이 커다란 신비의 유희라고 말할 겁니다. 뭐라고 하든 우리가 삶을 절대적으로 통제할 수 없다는 것이 사실입니다.

우리가 삶을 한 번도 100퍼센트 통제한 적이 없다는 것을 삶 자체가 이미 보여 주었습니다. 탄생부터 유년까지 그러합니다. 우리는 어딘가 앉아서 지도를 보며 어느 곳에 태어날지를 정하는 게 아닙니다. 부모를 선택해서 태어나는 것도 아닙니다. 불행히도 부모를 잘못 만났다고 느끼는 사람이 많습니다. 맞는 부모란 없다는 것이 사실입니다. 우리는 얼마나 오래 이 땅에 살지 모릅니다. 우선 우리가 삶을 절대적으로 통제한 적이 없다는 사실을 환기시키는 것뿐입니다. 통제를 못한다 하여 우주가 모든 것을 책임지니 삶에 대한 책임을 다 방기하라는 뜻은 아니라는 사실을 기억하십시오. 통제하지 못한다는 것은 그냥 손 놓고 있자는 말이 아닙니다. 마음 깊이 우리가 완전히 삶을 통제할 수는 없다는 걸 아는 일이며, 가슴을 열고 실망에 대해 분노와 저항과 혼란으로 반응하지 않는 법을 배워야 한다는 걸 마음 깊이 아는 일입니다.

삶이 언제나 기대와 바람과 들어맞는 것은 아닙니다. 기대와 바람은 우리 에고 구조의 큰 부분을 이룹니다. 우리는 인식을 바꾸어 삶의 모든 조건을 축복으로 보도록 노력할 수 있습니다. 승복한다 함은 우리가 모든 것을 통제한다거나 통제하고 싶다는 망상을 버리는 것입니다. 게다가 진언을 외는 것은 또 하나의 좋은 수행입니다. 훌륭한 마하싯다 중 한 사람이나 과거의 시인이 지은 승복하라는 거룩한 문구를 욀 수도 있습니다. 아니면 손수 문구를 지어 그것을 진언이나 거룩한 문구로 만들어도 됩니다. 나는 종종 거룩한 문구를 지어 하루종일 그것을 암송하려 합니다. 그런 것들 중 하나가 "사물의 있는 그대로의 모습에 나는 승복합니다."라는 말입니다. 인간으로서 우리는 언제 사물의 있는 그대로의 모습에 승복하지 않는지를 압니다. 사물의 있는 그대로의 모습에 우리가 언제 저항하는지도 압니다. 우리는 몸속에서 그걸 느낍니다. 신체 체계 전체가 뒤틀리기 시작하는 것을 느낍니다. 우리는 삶에 대해 반응하고 있습니다.

"나는 사물의 있는 그대로의 모습에 승복합니다. 내 의식은 변하고 있습니다."라는 구절을 암송할 때, 이 아름다운 구절을 외면 나는 고통받고 있지 않다는 것이 환기됩니다. 그러면 내가 승복하여, 쭈그러진 존재에서 좀 더 확장되고 좀 더 즐거운 존재가 되고 좀 더 행복한 의식 상태로 전환하여 살아가는 데에 도움이 됩니다.

옮긴이의 말

이 책은 법문 모음집이다. 아남 툽텐 린포체가 밝혔듯이, 미국 캘리포니아 주 포인트리치먼드에 있는 다르마타재단의 법당에서 명상 후 한 법문을 모은 것이다.

이번 권은 한국어로 번역된 린포체의 책 네 번째 권으로, '연민'이 주제이다. 영문판 제목부터 그러하다. 《연민 선택하기choosing compassion》.

이전 법문집 《모든 순간 껴안기》(2016)에 이어 '왜 연민을 택해야 하는가?' 하는 이야기가 강조되고 계속된다.

"모든 존재들이 고통과 고통의 원인에서 벗어나기를."

이 기도를 린포체가 선창하고 열심히 따라 하던 어느 맑은 가을 날 산중 절에서 린포체의 음성과 수행자들의 음성이 들리는 듯하다. 2015년 가을 문경 한산사 초드 수행 때였던 것 같다. 그 기도를 염송하면서, 또 이 기도로 시작하여 어떻게 번뇌를 끊어 내는가 하는 티베트 특유의 방식을 배우면서 정말 그렇게 되길 바랐고, 끝나고 나자 나눔의 자리에서 어느 스님은 승복을 입은 채 훨훨 춤까지 추셨다. 마음 깊이 느껴지는 자유였던 것 같다.

"모든 존재들이 고통과 고통의 원인에서 벗어나기를."

이외에도 우리가 린포체를 따라 염송했던 기도문은 많았지만 지금은 이것만 생각나고 이 책에 실린 내용 전체를 이 문장으로 간추릴 수 있을 듯도 하다. 이때 모든 존재란 나를 포함한다. 책머리에도 지은이가 말하다시피, "매일 수행할 때 가슴 가득 자애와 연민을 불러들이지 않으면 그 수행은 불완전한 것이 된다." 가슴 가득 자애와 연민이 차오르는 대신 고통으로 번뇌로 가득 찬 채, 세상일을 놓지 못한 채 얼마나 허송세월을 했으며 헛되이 앉아 있었던가. 우리의 궁극적 목표는 이고득락, 즉 고통에서 벗어나는 것 아니던가. 나 혼자만 그러는 것이 아니라 모든 존재가 다 그렇게 되는 것이다.

알아차리지 못함이 세상엔 팽배해 있다. 그 예가 영화 〈월-E〉다. 우리 사는 보통 모습이다. 잠시의 기쁨에 도취하며 그것이 초월

옮긴이의 말

인 줄 안다. 맛있는 것을 먹고 도취하면 그것이 즐거움인 줄 안다.

저자는 "우리가 자신과 남들을 위한 자애와 연민을 개발하기 시작할 때까지는 개인적으로 진화하지 못할 것이며 인류 전체도 진화하지 못할 것"이라고 말한다. 각계각층의 사람들에게 한량없는 자애와 연민을 보인 예가 바로 붓다이다. 하지만 보리심, 즉 깨어난 마음은 비단 불교적인 것만이 아니다. 불교 신자가 아니라도 보리심을 지닐 수 있다.

분리의 마음, 딱지 붙이고 나누고 범주화하는 마음, 스스로 똑똑하다고 생각하는 우리의 지성, 분별. 욕계의 상식이다. 이건 이러니까 젖혀 놔야 하고 저건 저러니까 나와 다르고 포용 불가능하다는, 분리의 마음이 의식 속에 있는 한 우리는 고통스러울 수밖에 없다. 이 분리심의 극복은 명상을 통한 참된 초월로만 가능하다. 명상이란 의식 속에 쉼을 만드는 것이다.

가짜 초월(몇 시간 동안 푹 빠지는 오락) 말고 진짜 초월을 인식할 수 있는 몇 가지 방법 중 하나는 연민 수행을 하는 것이다. 세상이 아니라 우리 자신을 바꿔야 하며, 이런 병, 고독과 고립과 소외의 병을 치료하는 데는 연민이 최고의 약이라고 한다. 자기 마음을 바꾸는 것이 진짜 수행인 것이다. 알아차림은 더 이상 투사와 패턴에서 일어나는 생각들에 매몰되지 않는 의식 상태이며, 반면 알아차리지 못함은 이런 생각, 정신적 투사, 꾸며낸 이야기에 빠져 헤매는 상태이다. 알아차리지 못한 상태라서 문제인 것이다. "알아차리지 못하고 고통스럽고 폭력적인 이 세상에 대해 가슴을 열고 세상을 사랑해야 합니다."라고 저자는 말한다. 그 방법으로 꾸준한 명상을 제시한다. 욕계 세상은 워낙 이렇다. 세상은 이 모습일 뿐이며 자기 페이스대로 춤추고 있을 뿐이다. 우리에게 일부러 도전을 던져 주려고 만들고 있는 것이 아니다.

'가슴을 연다.', '열린 가슴'이라는 표현이 이 책에는 유독 많이 나온다. 저자가 mind와 heart를 구분해 쓰고 있어 이를 각각 '마음'과 '가슴'으로 번역했다. 연민의 결과 가슴이 열리는 것이다. 아까 그 구절이 연민을 잘 규정한다.

"'우리는 이 세상에서 어떤 일을 하고 싶은가? 우리가 서로서로, 다른 생물과, 지구와 맺는 관계에서 나타나는 알아차리지 못함, 분노, 미움 등 엉망진창인 상황에 무슨 영향을 끼칠 수 있는가? 어떻게 하면 상황을 바꿀 수 있는가?' 이 질문엔 한 가지 답밖에 없습니다. 가슴을 열어 놓고 있어야 한다는 겁니다."

'마음'이 아니라 '가슴'을 열어젖혀야 한다. 무시이래로 굳어진 습성, 오래된 습관, 행동 패턴 등으로 굳게 무장하여 너와 나를 구분하면서 산다면 끝까지 가슴이 열릴 수 없고 마음은 스스로에 자족하고 에고만 받들며 수행은 헛일이 된다. 우리는 남들에게 보이려고, 이만큼 정신적인 사람이라는 '자아 이미지'를 보이려고 수행하는 것이 아니기 때문이다.

"우리는 자신에게, 또 인류 전체에게 연민을 가져야 합니다. 우리 모두는 업이라는 아주 무거운 짐을 지고 있기 때문입니다. 이는 아무도 피할 수 없습니다. 그러니 자신과 인류 전체를 받아들이고 용서해야 합니다. 기본적으로, 우리는 누구나에게 시간을 조금씩 주어야 합니다. 성장할 시간, 실수할 시간, 좀 더 성숙할 시간을. 우리 모두가 아주 짧은 시간 동안만 지구에 삽니다. 우리는 모두를 연민하고 이해해야 합니다. 우리의 참모습을 받아들이고 고통을 받아들이고 실수를, 잘못된 선택을, 사회 전체로서 몸담고 살고 있는 의식 상태를 받아들여야 합니다."

가슴을 닫아거는 것은 금물이다. 어떤 상황도 우호적으로 느낄 수 있다면 마음과 의식이 바뀐다. 우리는 맞부딪치는 상황을 유불리로 나누지만 어느 것이 유리한지는 아무도 모른다. 이 세상의 기준으로 하면 유불리가 있겠지만 나중에 유불리가 서로 바뀌는 경우는 많다. 어떤 상황도 내려놓고 또 내려놓는다는 것이 말처럼 쉽지는 않겠으나, 모든 것의 무상함을 깊이 통찰하고 명상한다면 이를 느낄 수 있을 것이다.

마음에 와 닿는 귀한 법문을 주신 린포체님 그리고 서문에 감사를 표하신 바와 같이, 이 법문을 정리해 책으로 펴내는 데 힘을 모으신 분들 그리고 멀리서 저에게 이 번역을 맡겨 주신 린포체 님의 자비로운 마음 쓰심과 한국어판을 내느라 애쓰신 담앤북스 대표님과 편집을 맡으신 이연희 님께 거듭 감사드린다.

이 법문들이 모두 내 삶과 맞닿아 있다고 생각하며 일찌감치 번역을 마치고 거듭 다시 읽어 보았다. 연민을 택하는 것도 우리요, 선한 혹은 악한 늑대에게 먹이를 주는 것도 우리다. 나쁜 상황도 달게 받아들이는 것을 선택하는 것도 우리다. 티베트에는 나와 남을 바꾸는 수행도 있다고 하지 않는가. 우리가 어느 쪽을 택하는가에 따라 모든 것이 너무나 달라진다. 린포체는 손수 지은 시 구절을 염송해도 된다고 했는데 정말 시도 많이 지으셨다. 먼저 책도 손수 지으신 시(같은 인사말)로 시작한다. 아마 혼자 있을 때나 명상 수행을 이끌러 가셨을 때, 도반들과 지낼 하루를 준비하거나 끝나고 나서 주로 쓰신 것 같다. 이 책에는 그 시 구절들이 실리지는 않았으나 린포체의 마음을 잘 알 수 있었다. 심지어 화재가 나서 귀한 수행처를 다 날리고 그 득실에 대하여 생각하며 쓰신 시도 있어 그때의 마음을 엿볼 수 있었다.

이 책에는 2014년 처음 린포체가 한국을 방문하셨을 때 세월호 사건에서 전해진 아픔과 그 극복에 대한 이야기도 나온다. 그때 처음 린포체를 만나 뵈었던 장면들도 기억이 난다.

하고 많은 책 중 이 책을 '택하신' 독자분들은 기꺼이 '자비롭게 살아갈' 분들이라 생각된다. 린포체는 2014년 이후 해마다 한국을 찾으신다. 2019년 연말에 다시 한국을 찾아 수행 지도를 하실 린포체 님과 같이 앉든, 책으로 그분의 법문을 접하든 간에 중요한 건 우리의 '선택'인 것이다. 슈라마나의 4계(비폭력)를 택하는 것도 우리다. 부디 모두들 연민을 '선택'하여 선업을 쌓기를, 보리심으로 "고통과 고통의 원인에서 벗어나기를" 빈다.

2019년 가을,
임희근

지금 이 순간
자비롭게 살아가기

자애와 연민에 관한 티베트 스승의 가르침

초판 1쇄 발행 2019년 12월 7일

지은이 아남 툽텐
옮긴이 임희근
펴낸이 오세룡
기획·편집 이연희 김영미 박성화 손미숙 김정은
취재·기획 최은영 곽은영
본문 디자인 강진영(gang120@naver.com)
　　　　　　　고혜정 김효선 장혜정
홍보·마케팅 이주하

펴낸곳 담앤북스
　　　　서울특별시 종로구 새문안로3길 23(내수동 73) 경희궁의 아침 4단지 805호
　　　　대표전화 02)765-1251　전송 02)764-1251　전자우편 damnbooks@hanmail.net
　　　　출판등록 제300-2011-115호

ISBN 979-11-6201-199-7 (03220)

이 책은 저작권법에 따라 보호받는 저작물이므로 무단전재와 복제를 금합니다.
이 책 내용의 전부 또는 일부를 이용하려면 반드시 저작권자와 담앤북스의 서면 동의를 받아야 합니다.

이 도서의 국립중앙도서관 출판예정도서목록(CIP)은 서지정보유통지원시스템 홈페이지(http://seoji.nl.go.kr)와
국가자료종합목록 구축시스템(http://kolis-net.nl.go.kr)에서 이용하실 수 있습니다. (CIP제어번호 : CIP2019040661)

정가 15,000원